영적 기근(암 8:11)이 만연한 이 시대, 교회는 생명을 주고 빛을 비춰 주는 하나님의 말씀을 그리스도 중심적으로 선포하는 일에 지성과 열성과 정성을 쏟는 설교자가 절실하게 필요하다. 마이클 리브스는 그러한 성경적 설교가 어떻게 올바른 신학, 기독론, 교회론 그리고 궁극적으로는 송영頌榮에 뿌리를 두고 있는지를 똑똑히 말한다. 모쪼록 진지한 생각을 불러일으키는 이 책을 성령이 우리 세대에 교회를 개혁하시고, 개혁된 체험적 설교자들의 힘 있는 무리를 일으키시는 일에 써 주시길 바란다.

조엘 R. 비키　미국 퓨리턴리폼드신학교(Puritan Reformed Theological Seminary) 총장 겸 설교학·조직신학 교수

설교자는 자신이 맡은 직임에 대한 확고한 성경적 비전을 가져야 한다. 설교에 대한 어떤 이해는 설교를 단순히 신학적 지식의 전달로 축소시키는데, 이는 설교의 핵심을 놓치는 것이다. 저자는 우리의 시선을 더 높고 더 큰 비전 즉 진정 하나님 중심적인 설교라는 비전을 향해 들어 올린다. 설교자가 되려는 이에게는 귀중한 입문서요, 오랜 세월 하나님의 말씀을 선포해 온 이에게는 때맞은 격려가 될 책이다. 오늘날 교회에서 설교의 목적이 무엇인지 고민하는 이들, 특히 이 비할 데 없는 사명에 부르심을 받은 이들에게 이 책을 열렬히 추천한다.

조나단 그리피스　캐나다 오타와 메트로폴리탄바이블교회(The Metropolitan Bible Church) 담임목사

나는 이제까지 이런 설교 관련 입문서는 접해 본 적이 없다.
이 책은 내가 매주 감당하고 있는 사역이 얼마나 막중한
것인지를 보여 주며 나의 부족함을 절감하게 했다. 더불어
내가 버겁다고 느낄 때 계속 나아가도록 나를 격려해 주었다.
무엇보다 이 책은 내가 매주 우리 주님을 선포하는 것이
큰 특권이라는 사실과 그분의 보배로우심을 상기시켜 내 마음이
녹아내리게 했다. 월요일 아침, 어제를 돌아보며 또다시 나아갈
준비를 하는 설교자들을 위한 책이다.

톰 헤즈먼　　영국 바스 위드콤침례교회(Widcombe Baptist Church) 목사

마이클 리브스는 '말씀 사역'을 위해 구별된 이들에게 설교에
대한 높고 거룩한 관점을 갖도록 강권한다. 설교는 "흑암과
지옥의 문들에 대한 습격이며, 나팔을 불어 죄인들은 두려워
떨고 성도들은 경이로움에 전율케 하는 일"이다. 설교의 목적은
"사람들의 마음을 개혁하여 그들이 하나님을 사랑하고 하나님을
즐거워하며 하나님을 영광스럽게 여기도록 하는 것"이다.
책 속에 보석이 너무 많아 추천의 글을 짧게 쓰기가 어려웠다.
이 책은 설교자와 회중 가릴 것 없이 우리 가운데 너무 많은 이가
놓치고 있는 설교의 비전을 제시하는 시기적절한 책이다. 읽고
되새기고 배워 자기 것으로 만들라.

데이비드 존스턴　　북아일랜드 뱅거 해밀턴로드장로교회(Hamilton Road
　　　　　　　　　　Presbyterian Church) 원로목사

강단이 이전의 영광을 회복하는 것보다 오늘날 교회에서 더 시급하고 중대한 일도 아마 없으리라. 그래서 마이클 리브스가 쓴 이 책이 정말 소중하다. 탁월한 신학자이자 교사인 저자는 오늘날 대부분의 강단에서 실제로 이루어지고 있는 것보다 한층 더 높은 설교에 대한 시각을 호소력 있게 주장한다. 이 책을 읽으면서 여러분의 마음이 말씀을 전하는 이 영광스러운 소명에 대한 더 큰 감격으로 벅차오를 것이다. 이 책은 오늘날 하나님의 말씀을 듣는 일에 메마른 이 땅의 기근을 치유할 강력한 약이다.

스티븐 J. 로슨 원패션미니스트리즈(OnePassion Ministries) 대표
마스터즈신학교(The Master's Seminary) 설교학 교수
달라스 트리니티바이블교회(Trinity Bible Church) 담임목사

우리는 설교의 본질에 대한 진정한 이해가 매우 부족하다. 설교는 영업인가? 강의인가? 단지 가르침의 시간인가? 금세 또 다른 질문도 떠오른다. 강해 설교란 무엇인가? 이 놀라운 책에서 마이클 리브스는 하나님을 중심에 두는 설교에 대한 비전을 매력 있고 명료하고 설득력 있게 짚어 준다.

조쉬 무디 일리노이 위튼칼리지교회(College Church, Wheaton) 담임목사
갓센터드라이프(God Centered Life) 대표

마치 인부들이 자신들이 세우고 있는 큰 교회 건물에 대한 이해 없이 벽돌을 쌓아 올리는 것처럼 설교자 가운데 많은 이가 설교의 본질이나 목적에 대한 이해 없이 '설교문 작성법'만 배워 왔다. 마이클 리브스는 놀랍도록 간결한 필체로 신학적 소명을 분명하게 전해 주었다. 이 소책자는 경험 많은 설교자들이 방향을 재설정하도록 돕고, 초보 설교자들을 올바른 길로 가도록 안내해 그들이 강단에서 그리스도를 높이고 그분의 양 무리에게 영의 양식을 배불리 공급하게 도울 것이다.

존티 로디스   영국 센트럴 리즈 크라이스트교회(Christ Church Central Leeds)
목사

유니언신학교Union School of Theology를 거쳐 간
모든 졸업생과 재학생에게.

마이클 리브스의
설교자의 심장

지은이 | 마이클 리브스
옮긴이 | 황재찬
초판 발행 | 2024. 8. 21
등록번호 | 제1988-000080호
등록된 곳 | 서울시 용산구 서빙고로65길 38
발행처 | 사단법인 두란노서원
영업부 | 02)2078-3333 FAX | 080-749-3705
출판부 | 02)2078-3330

책값은 뒤표지에 있습니다.
ISBN 978-89-531-4882-6 03230

독자의 의견을 기다립니다.
tpress@duranno.com www.duranno.com

두란노서원은 바울 사도가 3차 전도 여행 때 에베소에서 성령 받은 제자들을 따로 세워 하나님의 말씀으로 양육
하던 장소입니다. 사도행전 19장 8-20절의 정신에 따라 첫째 목회자를 돕는 사역과 평신도를 훈련시키는 사역,
둘째 세계선교™와 문서선교 단행본·잡지 사역, 셋째 예수문화 및 경배와 찬양 사역, 그리고 가정·상담 사역 등을
감당하고 있습니다. 1980년 12월 22일에 창립된 두란노서원은 주님 오실 때까지 이 사역들을 계속할 것입니다.

우리는 왜 설교하는가

마이클 리브스 지음 ○ 황재찬 옮김

마이클 리브스의
설교자의 심장

두란노

차 례

〖싱클레어 B. 퍼거슨〗

이 책은 정확히 "설교: 하나님 중심의 비전"이라는 제목(원제)에 부합한다는 점에서 아낌없는 찬사를 보낼 만하다. 일단 이 책을 읽는다면 그리고 여러분이 나와 같은 부류의 사람이라면 틀림없이 한 번 더 읽고 싶을 것이다. 제목에서 밝힌 그 위대한 내용을 정말 잘 담아낸 책이기 때문이다.

완성도는 물론이고 그 목적과 기능이 다양한 설교 관련 책이 시중에 많이 있다. 어떤 책은 기본적인 설교 해석학, 훌륭한 커뮤니케이션 원리 등의 기술을 설명한다. 물론 이런 책들은 반드시 필요하다. 어쨌든 우리는 하나님의 형상대로 창조되었고, 우리의 정신은 특정한 방식들 가운데서 최상으로 작동하도록 설계되었기 때문이다. 성령은 우리의 어떤 설교들과는 달리 혼돈의 작가가 아니시다.

그런가 하면 전통적인 저작들은 설교에 대한 실천적인 조언에 격려와 자극, 이야기를 결합시켰다. 이런 유의 책들에는 내가 찰스 스펄전의 《목회자 후보생들에게》(Lectures to My Students)의 오래된 판본을 처음 읽었을 때 느꼈던 재미와 즐거움이 뒤섞여 있다. 그 판본은 목판으로 찍어 낸 다양한 삽화를 곁들여, 설교자의 자세(펭귄 자세)나 몸짓("소년은 불타는 갑판 위에 서 있었다"라는 펠리시아 히먼스의 시구를 낭독하는 손과 팔의 움직임을 점선으로 표시한 그림)을 보여 주었다. 이처럼 유머와 더없이 실천적인 지혜 그리고 그리스도를 향한 열정이 결합될 때, 그런 책은 참호 속에서 싸우는 설교자들의 생기를 되찾아 주고 설교자로서 성장하기 위한 배움을 특권과 기쁨으로 삼게 해 준다.

또 어떤 이는 마틴 로이드 존스의 20세기 고전, 《설교와 설교자》(Preaching and Preachers)가 안겨 준 충격이 떠오를 수도 있다. 그 책은 설교 준비의 기술에 대한 지침은 아주 적게 다루었다. 그러나 누구든 그 책을 읽으면 설교를 더 잘하고 싶다는 갈망을 품게 된다.

비록 이 책 《설교자의 심장》은 그에 비해 훨씬 적은 분량이지만 이런 위대한 전통을 잇는다. 책이 짧다는 사실에 속지 말라. 우리가 잠깐 목격한 어떤 비전이 우리의 삶에 영원한 변화를 일으킬 수 있다.

그리고 마이클 리브스가 여기서 주장하듯, 설교 기술에 대한 배움이 결코 하찮은 것은 아니라 할지라도 설교에 더욱 필요하고 중요한 일은 따로 있다. 바로 '진정한 설교란 무엇인가, 설교는 어디에 그

14

기초를 두고 있는가, 설교는 무엇을 위한 일이며, 하나님의 주권 아래서 설교는 어떤 일을 이루는가'에 대한 심도 있는 감각을 갖추는 것이다.

설교는 단순히 문자를 해석하는 데 필요한 기초적인 기술만으로 되지 않는다. 설교를 위해 더욱 필요한 것은 방금 말한 것과 같이 본질적인 문제에 대한 깊은 감각을 갖추는 것이다. 그것이 참된 설교를 위한 분위기와 능력을 부여하고, 설교자와 청중 모두가 하나님의 임재에 깨어 있게 한다.

그러한 설교는 사도적인 데시데라툼(desideratum; 절실한 요구)의 전통에 서서, 그분의 교회에서 '진정한 선지자이신 그리스도의 목소리로서' 사람의 말을 통해 성경과 마음 양자 모두의 진상을 드러낸다(고후 4:2; 히 4:12-13). 이는 감춰진(어쩌면 우리 자신에게조차 숨겨진) 비밀을 드러나게 하며, 그리하여 우리를 엎드러지게 한다. 최소한 영적으로는 말이다. 그리고 궁극적으로는 하나님의 백성 가운데 그분이 계심을 알아채게 함으로써 그들로 하나님을 경배하는 데 이르게 한다(고전 14:24-25).

이것이 우리에게 필요한 설교다. 조나단 에드워즈는 위대한 지성의 소유자였음에도 불구하고, 아니 그런 지성의 소유자였기에 다음 사실을 인식했다. "우리의 회중에게 '머리를 지식으로 채우는 것'은 '마음의 감동'만큼 간절한 필요는 아니다. 그들에게 가장 절실한 것은 무엇보다 그 일을 위해 온 힘을 기울이는 설교다.'" 설교의 궁극적인 목적은 이와 같이 우리의 정서(affections)를 높이 계신 삼위일체 하나님께로 들어 올리는 것이다. 그것이 영광에 대한 최상의 경험이 되기 때문이다.

마이클 리브스가 이 책의 서두에서 훌륭하게 보여 주는 것처럼, 그러한 설교는 우리를 작아지게 하고 두려워 떨게 한다. 이 모든 것이 하나님 자신 안에, 곧 성부, 성자, 성령의 내적 생명 안에 뿌리와 터를 두고 있기 때문이다.

《기독교 강요》(Institutes of the Christian Religion)의 유명한 한 구절에서 장 칼뱅은 그리스의 웅변가 데모스테네스에 대해 아우구스티누스가 했던 말을 다시 인용한다. 데모스테네스는 웅변의 최고의 규칙은

"전달"이며, 둘째와 셋째 역시 마찬가지라고 말했다. 그리고 칼뱅은 "이처럼 만일 누군가 내게 기독교의 수칙에 대해 묻는다면, 나는 첫째도, 둘째도, 셋째도 그리고 언제나 '겸손'이라고 답할 것이다"라는 아우구스티누스의 말을 상기시킨다.[2]

같은 맥락에서, 만일 우리가 "설교의 중심에는 무엇이 있는가"라는 질문을 마주하게 된다면 우리는 확실하게 대답해야 한다. "첫째도, 둘째도, 셋째도 그리고 언제나, 그리스도께서 성령을 통해 아버지께로 나아가는 길이 되신다는 사실"이라고 말이다. 그리스도 자신이 성부 하나님에 의해 발화發話된 그 말씀이요, 그 로고스요, 바로 그 설교시다. 그분은 성령으로 말미암아 친히 설교자가 되신다.[3] 또한 바울이 늘 그렇게 보았듯이, 그리스도께서는 설교("전파")되시는 분이시다(골 1:28).

세례 요한에 이르는 선지자들과 다소의 바울에 이르는 사도들의 전통을 이어받은 모든 설교자는 반드시 자신의 손가락을 성경 본문 어딘가를 가리키는 것으로 시작해야 한다. 하지만 그러고 나서 반드시 그 손가락은 "보라 세상 죄를 지고 가는 하나님의 어린양이로다"(요 1:29) 하고 말하는 손가락 주인의 목소리와 함께 들어 올려져야 한다.

가장 중요한 것은, 설교자는 자신의 설교 안에서 반드시 자신이 성경을 따르는 사람일 뿐 아니라, 한 인격을 따르고 있음을 보여야 한다는 것이다. 만일 우리가 사람들이 영생을 얻도록 그들에게 그리스도를 제시하지 않고, 마치 성경 자체에서 영생을 얻는 것처럼 성경을 찾아 설명한다면, 그것은 무익한 일이다(요 5:39-40).

마이클 리브스는 이런 모든 내용과 그 이상의 내용을 잘 전해 준다. 이 책은 작지만 담긴 내용은 실로 풍부하고 깊다(multum in parvo). 이 책이 너무 간결한 나머지 어쩌면 여러분은 마지막 페이지를 넘기면서 책이 벌써 끝났다는 사실에 약간의 실망감이 들 수도 있다. 하지만 그와 동시에 이미 많은 배움과 유익을 얻었음을 깨닫게 될 것이다. 그리고 아마 이 책에서 읽은 것과 같은 일이 여러분이 전하는 설교에서 또는 여러분이 항상 듣는 설교에서 실제로 이루어지길 구하는 기도를 이미 시작한 자신을 발견하게 될 것이다.

그것이 이 책을 읽으며 내게 일어난 일이다. 모쪼록 여러분도 그러하기를 바란다.

° 싱클레어 B. 퍼거슨
리폼드신학교(Reformed Theological Seminary) 조직신학 교수

설교의
드높은 비전을
심장에 새기며

나는 오늘날 설교가 처한 곤경은 기본적으로 설교란 무엇인지에 대한 불분명함에서 오는 게 아닐까 하는 의심을 떨쳐 낼 수가 없다. 분명 현대인들은 영상물에 익숙해져 오랫동안 집중하는 능력을 잃었을뿐더러 하나님의 말씀에 대한 참된 확신을 갖지 못하는 이들도 많다. 하지만 그 모든 것을 차치하더라도 또 다른 문제가 남는다. 설교는 그리스도인이 늘 행하는 일 중 하나고 그래서 우리도 그렇게 하고 있기는 하지만, 핵심을 놓친 채 습관적으로 설교를 행할 수 있다는 것이다.

그런 의미에서 이 책에서 다루게 될 내용은 그저 설교 준비에 관한 기술 정도가 아니다. 나는 그 이상을 다루고자 한다. 그 어떤 실천적인 지침보다, 설교에 대한 풍성한 성경적·신학적 이해가 훨씬 더 강력하게 설교에 극적인 변화를 불러오기 때문이다. 밑그림을 바르게 그리는 것은 그 위에 색을 덧칠하는 것보다 훨씬 더 중요한 작업이다.

기독교 신앙은 설교에 어떤 틀을 제시하는가? 만일 우리가 널리 내다보이는 높은 산꼭대기에서 바라보듯 설교하게 된다면 이는 어떤 모습일까? 나는 하나님의 존재 자체와 그분의 말씀의 영광과 복음의 능력에서 자양분을 얻은 설교의 비전을 제시하고 싶다. 그러한 설교는 마음을 뒤흔드는 그리스도의 피 묻은 메시지로 지옥의 문들을 습격하여 성도들의 영혼을 예배로 채울 것이다.

설교자 하나님,
그분의 생명을 나누는 일로
부르시다

1

우리는 왜 설교하는가?

솔직히 말해서, 설교라는 말은 매우 고루한 느낌을 준다. 설교는 토론이 아니다. 촌철살인寸鐵殺人의 짤막한 논평도 아니다. 설교에서는 우리의 주의를 집중시키기 위해 영화에서처럼 카메라 앵글이 움직이지도 않는다. 아무도 거기에 '좋아요'를 누르거나, 다른 사이트에 다시 퍼 나르거나, 댓글을 달지도 않는다.

그러면 우리는 왜 이 시대에도 여전히 설교를 계속하고 있을까? 단지 전통이나 습관 때문은 아니다. 그리스도인이 설교하는 진짜 이유는 바로 하나님이 설교자시기 때문이다. 하나님이 모든 것의 근원이시며, 우리가 설교하는 것 역시 하나님이 어떤 분이신지에서 비롯된 일이다.

말씀하시는 하나님

성경은 하나님의 말씀하심으로 시작한다. 태초에 하나님이 "빛이 있으라" 말씀하시니 빛이 생겼다. 창 1:1-3 하나님은 빛이시다. 요일 1:5 빛을 내는 것이 빛의 속성이듯 자신을 드러내는 것이 하나님의 속성이다. 하나님은 자신을 알리기를 기뻐하는 분이시다.

그런데 사실 하나님은 창세기 1장 이전에도 이미 말씀하고 계셨다. 만물이 있기 전, 그 어떤 것도 만드시기 전에 하나님께는 '말씀'이 있었다. "태초에 말씀the Word이 계시니라 이 말씀이 하나님과 함께 계셨으니 이 말씀은 곧 하나님이시니라 그가 태초에 하나님과 함께 계셨고."요 1:1-2 하나님은 단순히 어쩌다 보니 말씀하시게 된 게 아니다. 그분은 자신의 속성에 따라, '말씀하시는 하나님a speaking God'이시다. 하나님의 말씀하심은 그분의 존재 자체로 말미암은 일이다.

예수님은 요한복음 16장의 다락방 담화에서 아름다운 진리를 전해 주신다. 성령이 오직 "들은 것"

을 말씀하신다는 것이다. 요 16:13 이 구절에서 예수님은 성령이 무엇보다 먼저 듣는 분이심을 밝히셨다. 성령은 성부 하나님이 자신의 말씀을 발화하시는 것을 들으신다. 이는 성삼위 하나님에 관한 심오하고도 영원한 진리다. 마르틴 루터는 이렇게 말했다.

> 그리스도께서는 성삼위 하나님 안에서 계속 진행된 대화, 곧 어떤 피조물도 참여하지 않은 대화에 대해 언급하신다. 그분은 말하는 이와 듣는 이 모두를 위한 강단을 마련해, 성부를 설교자로, 성령을 듣는 자로 삼으신다.[1]

이는 마치 영원 속에 성부, 성자, 성령 하나님이 함께 계시는 강단이 있다고 말하는 것과 같다. 영원 속에 그 말씀the Word; 그리스도이 선포되고 있었다. 그렇기에 최초의 설교는 오순절 베드로의 설교도 아니고, 요단강에서의 세례 요한의 설교도 아니다. 심지어 창세기 1장에서 하나님이 말씀하신 것도 최초의 설교가 아니다. 성부 하나님은 영원히 설교자셨다.

그분은 쉬지 않고 자신의 말씀을 전하셨다. 또한 성령은 영원히 듣는 분이셨다. 하늘과 땅이 있기 이전부터 성령은 그 궁극적인 설교를 즐거워하셨다.

살아 계신 하나님은 그런 분이시다. 그분은 아무 말 없이 침묵하시는 하나님이 아니라 말씀하시는 하나님이시다.

여기서, 이게 과연 특별한 사실인지 의구심이 들 수 있다. "다른 신을 숭배하는 이들도 자기 신이 말한다고 하지 않는가?" 아니다. 우상들은 입이 있어도 말하지 못한다. 시 115:5 "다른 종교의 신들도 다 자기네 선지자들이 있지 않은가? 알라도 이슬람교의 경전인 꾸란이 있지 않은가?" 그러나 기독교는 완전히 다르다. 성경은 그냥 어쩌다 보니 말씀하시게 된 하나님이라고 진술하지 않는다. 우리가 만나는 성경의 삼위일체 하나님은 말씀 없이 존재하실 수 없는 분이다. 심지어 영원 속에서도 이 하나님은 속마음을 숨기거나 말을 아끼시지 않는다. 그분은 나누어 주실 빛과 기쁜 소식들로 충만하시다.

선포하시는 하나님의 속성은 예수님의 성육신

사건을 통해 이 말씀이 육신이 되실 때 더욱 분명해진다. 예수님은 사역을 시작하실 때 이사야 61장 1-2절을 자신의 개인적인 선언으로서 읽으셨다.

> 주의 성령이 내게 임하셨으니
> 이는 가난한 자에게 복음을 전하게 하시려고
> 내게 기름을 부으시고
> 나를 보내사 포로 된 자에게 자유를,
> 눈먼 자에게 다시 보게 함을 전파하며
> 눌린 자를 자유롭게 하고
> 주의 은혜의 해를 전파하게 하려 하심이라
> 하였더라
>
> ❖ 누가복음 4장 18-19절

그러한 이유로 예수님은 제자들에게도 이렇게 말씀하셨다. "우리가 다른 가까운 마을들로 가자 거기서도 전도하리니preach 내가 이를 위하여 왔노라."막 1:38 사역하시는 내내 예수님은 말씀으로 자신의 생명을 주변 사람들에게 나누셨다. 그분이 말씀하시자 백부장의 병든 종이 나았다. ^{마 8:13} 그분이 말씀하시자 야이로의 딸과 나사로가 죽음에서 일어났다. ^{막 5:35-43; 요 11:1-44} 또 베드로가 예수님께 다음과 같이 말한 것도 같은 이유다. "주여 영생의 말씀이 주께 있사오니 우리가 누구에게로 가오리이까." ^{요 6:68}

이 영생의 메시지는 예수님이 사도들에게 설교하라고 위임하신 바로 그 메시지다. ^{마 10:5-7; 딤후 1:11} 또한 그것은 사도들이 다른 사람들에게 땅끝까지 전하기를 계속하라고 부탁한 것과 동일한 메시지다. ^{딤후 2:2; 4:2}

그러므로 설교는 하나님이 천국에서 등을 기대고 편히 앉아 계시는 동안 우리가 이 땅에서 짊어져야 하는 짐이 아니다. 인간 설교자는 게으르거나 은둔하고 있는 경영인에게 고용된 노동자가 아니다. 하나님이 최초의 설교자요, 최고의 설교자시다. 생명을 주는 자신의 말씀을 알리시는 분이다. 그러므로 우리가 설교자로서 그 말씀을 설교할 때 우리에게 주도권이 없다. 우리는 그저 하나님의 생명을 나누는 것이다. 하나님이 먼저 우리에게 설교하셨기에 우리는 설교한다.

교회, 하나님의 말씀으로 창조되다

그리스도인을 설교의 자리로 이끄는 또 하나의 확신은 바로 하나님이 그분의 교회를 그분의 말씀으로써 창조하신다는 사실이다. 하나님은 교회가 존재하기 전에 교회가 존재하도록 말씀하셨다. 말씀 없이 교회는 존재할 수 없었다. 창세기 1장에서 하나님이 자신의 말씀으로 만물의 첫 창조를 이루셨듯이, 교회를 존재하게 한 것도 하나님의 말씀이다.^{벧전 1:23} 하나님의 말씀이 먼저 와서 교회의 기초석이 된다.

교회는 하나님의 새로운 창조다. 교회의 창조는 결국 구원의 이야기다. 하나님의 말씀이 하나님을 위한 백성을 창조하기 위해 전파된다. 아담이 하나님의 말씀을 무시했을 때 죄가 들어온 것처럼, 하나님의 말씀이 들려질 때 구원이 이루어진다. 하나님의 말씀은 생명을 주는 만나다.^{마 4:4} 그분의 백성을 먹이고 살아가게 한다.

"양은 그〔양의 목자〕의 음성을 듣나니"요 10:3라고 하신 예수님의 말씀을 기초로, 마르틴 루터는 다음과 같이 교회를 정의했다. 아마도 교회에 대한 역사상 가장 간단한 정의이리라. "일곱 살 된 아이도 교회가 무엇인지 안다는 사실에 하나님께 감사드린다. 교회는 이른바 자기 목자의 음성을 아는 거룩한 신자들과 양들이다."[2] 양 무리를 세우고 인도하는 것은 그 목자의 음성이다. 이러한 통찰은 종교개혁 시대에 교회들 안에 가장 크고 실천적인 변화를 이끌어 냈다. 성경적 설교가 부상하여 우선순위로 자리매김한 것이다.

종교개혁자들은 하나님의 말씀의 막중함을 알았기에 설교를 정규 예배의 중심으로 삼았다. 그들은 강단을 실제로 가운데 두고 눈에 띄게 배치함으로써 건축적으로도 설교를 강조했다. 오늘날 우리는 주도적인 종교개혁자들을 신학자로만 생각하는, 따라서 설교자는 아닐 것으로 여기는 경향이 있다. 하지만 일반적으로 그들의 사역은 성경을 설교하는 것으로 규정되었고, 설교가 그들 사역의 대부분을 차지했다. 설교는 종교개혁의 실제적인 기관실이었다.

여기에 커다란 위안이 있다. 표류하고 곤두박질치는 이 시대 교회에 대한 끔찍한 통계 수치들을 마주하노라면 순전한 하나님의 말씀을 설교하는 것에 자신감을 잃기 쉽다. 이는 암울한 현실의 특효약이 될 만한 것을 찾기 위해 다른 곳을 두리번거리게 하는 유혹 거리다. 하지만 종교개혁은 규칙적으로 선명하게 하나님의 말씀을 전하는 설교가 일으키는 놀라운 변혁의 힘을 잘 보여 주었다. 이는 교회의 쇠퇴가 필연적이 아님을 뒷받침하는 역사적 증거다.

이 시대의 영적 어두움은 걷힐 수 있고, 돌이킬 수 있다. 500년 전에도 말씀으로 그런 일이 일어났다. 그리고 그 말씀의 거침없는 능력은 조금도 사라지지 않았다.

설교 현장,
온 회중이
'하나님'을 대면하는 자리

2

하나님이 말씀하실 때 그분은 단순히 자신에 대한 지식을 공유하시는 게 아니다. 성부 하나님이 말씀하시는 그 말씀은 곧 하나님 자신이다. 그래서 하나님이 말씀하시는 것은 자신을 나누어 주시는 것과 다르지 않다.

이는 소위 '신들'이라 일컬어지는 다른 우상들과 얼마나 다른가! 예를 들어 알라를 보자. 좋게 보아도 알라의 말이라는 꾸란은 그저 알라에 대한 정보를 말해 줄 뿐이다. 알라가 꾸란에서 주는 건 알라가 아니라 그저 지식 꾸러미다. 반면에 살아 계신 하나님은 자신을 주신다.

그러니 하나님이 말씀하실 때 빛이 어둠을 뚫고 들어가는 것은 놀랄 일이 아니다. 하나님이 말씀하시면 그대로 되는 것은 사실 당연한 일이다. 하나님의 말씀이 곧 하나님의 능력이기 때문이다. 하나님은 자신의 말씀으로 창조하시고, 자신의 말씀으로 구속하신다. 하나님이 자신의 말씀을 보내실 때 하나님의 영광이 눈부시게 빛난다. "어두운 데에 빛이 비치라 말씀하셨던 그 하나님께서 예수 그리스도의 얼굴에 있는 하나님의 영광을 아는 빛을 우리 마음에 비추셨느니라."고후 4:6

그럴 수밖에 없는 것이, 하나님에게서 나온 그 말씀the Word; 예수 그리스도은 "하나님의 영광의 광채시요 그 본체의 형상"이시기 때문이다. 그분the Word은 자신 안에서 하나님의 임재를 가져다주시는, 하나님의 지혜요 하나님의 빛이시다. 그 하나님의 말씀 안에서 우리와 함께하시기 위해 오시는 분은 하나님 자신이시다. 하나님 자신이 생명을 주는 모든 영광 가운데 오시는 것이다.

그러면 마찬가지로 "하나님의 말씀"인 성경은 무엇인가? 이 성경은 정확히 같은 목적을 지니고 있다. 성경은 옛날 연설들을 수집해 놓은 박물관이 아니다. 오늘날 우리는 성경을 통해 하나님의 음성을 듣는다.히 3:7 마치 성부의 영원한 말씀(예수 그리스도-옮긴이)이 성령의 능력으로 행하시는 것처럼창 1:2-3; 마

1:18; 3:16; 눅 4:1,14; 요 3:34 "그리스도의 말씀"인 성경은 롬 10:17; 골 3:16 같은 성령으로 말미암아 감동되어 나온다. 딤후 3:16; 벤후 1:21 한 분 하나님이 양쪽 모두에 하나의 목적을 두고 계신다.

사실 성부 하나님의 말씀과 그리스도의 말씀은 긴밀히 연합되어 있어서 때때로 그 의미하는 바를 구분하기가 어렵다. 널리 알려진 히브리서 4장 12절에서는 '하나님의 말씀은 살아 있고 활력이 있다'고 표현한다. 여기서 "하나님의 말씀"은 무엇을 의미하는가? 성부 하나님의 말씀인 그리스도인가, 그리스도의 말씀인 성경인가?

이에 대한 유력한 주석가들의 견해는 서로 엇갈린다. 위대한 존 오웬은 히브리서 이 구절에 나오는 "하나님의 말씀"이 영원한 말씀인 그리스도를 가리킨다고 이해한 반면, 장 칼뱅은 그 표현이 성경을 말한다고 믿었다. 이런 해석의 어려움은 그 자체로서 우리에게 매우 중요한 사실을 시사한다. 성경은 하나님의 말씀이신 그리스도와 분리될 수 없다는 것이다.

하나님이 말씀하시는 목적은 단순히 자신에 대한 정보를 퍼뜨리시는 것이 아니라 하나님 자신을 주시는 것이다. 하나님의 위대한 구속적인 목적은 무엇보다 '하나님이 사람들과 함께 거하시는 것, 그들이 하나님의 백성이 되고 하나님이 친히 그들과 함께 계시는 것'이다. 계 21:3 하나님이 말씀하시는 의도는 그저 사람들로 하여금 그분에 대해 알게 하는 게 아니라, 사람들이 그분을 알고 신뢰하며 그분을 즐거워하는 것, 나아가 그분과 연합하는 것이다.

사도 바울의 다음 기도가 이를 잘 보여 준다.

믿음으로 말미암아 그리스도께서 너희 마음에 계시게 하시옵고 너희가 사랑 가운데서 뿌리가 박히고 터가 굳어져서 능히 모든 성도와 함께 지식에 넘치는 그리스도의 사랑을 알고 그 너비와 길이와 높이와 깊이가 어떠함을 깨달아 하나님의 모든 충만하신 것으로 너희에게 충만하게 하시기를 구하노라.

❖ 에베소서 3장 17-19절

강해 설교의 본질

지금까지 논한 사실들은 설교에서 어떤 의미를 지니는가? 우리는 반드시 하나님이 말씀하시는 것같이, 하나님이 말씀하시는 내용을 있는 그대로, 그분과 같은 목적으로 말해야 한다는 것이다.

하나님은 도덕적인 자립 가이드나 종교 생활에 유용한 지식을 제공하려고 우리에게 말씀하시는 게 아니다. 진리의 성령이 그리스도에 대한 증인이 되시는 것처럼요 15:26 설교자들은 반드시 그리스도의 말씀에 대한 증인이 되어야 한다. 설교자는 설교자 자신이나 자신의 의견 혹은 다른 어떤 것에 대한 증인이 아니라, 하나님의 말씀에 대한 증인이다.

이는 종종 "강해 설교expository preaching"라 불리기도 한다. 하지만 불행하게도 "강해 설교"는 자칫 오해를 불러올 수 있는 용어이며, 잘못 행해질 수 있다. 어떤 사람들은 성경 강해biblical exposition를 성경을 한 절 한 절 연속해서 풀이하는 주석 정도로만 생각한다. 물론 강해에는 그런 방식이 포함될 수 있고 또 실제로 종종 포함되기도 하지만 그것만으로는 축소된 해석이다.

강해는 근본적으로 사람들이 성경을 분명하게 볼 수 있도록 성경을 드러내는exposing 일을 포함한다. 이는 우리가 하나님의 말씀에는 없는 다른 생각을 성경에 덧입히는 기만과 정반대다. 강해 설교는 한 가지 방식만 따를 필요는 없다. 설교자들은 성경의 한 단어나 한 구절 또는 한 단락, 한 권의 책이나 심지어 한 주제를 드러낼 수 있다.

엄밀히 말하자면, 모든 설교는 강해적이어야 한다. 설교 안에서 하나님의 말씀을 드러내 그 말씀이 교회가 자라게 하는 양식이 되게 해야 한다. 성경을 자세히 해설하고자 하는 설교, 특히 성경 전체를 자세히 해설하고자 하는 설교는 사람의 생각이 아니라 하나님의 말씀이 방향성을 정하게 하고 교회가 받을 영적 식단을 만들도록 한다.

하지만 강해 설교를 단순히 성경을 본문 순서에 따라 연속적으로 설명하는 일에 불과하다고 여기는 설교자는 그저 회중을 교육시키려 한다는 인상을 줄 수 있다. 나는 종종 강단에서 나를 움찔하게 하는 말로 환영받곤 한다. "그럼 이제 설교자가 나오셔서 이 말씀을 우리에게 설명해 주시겠습니다." 마치 그게 전부인 것처럼 말이다! 마치 우리의 가장 깊은 문제가 무지라는 듯이, 그리하여 하나님의 말씀은 그저 지식을 나누기 위해 전해진다는 듯이 말이다.

그런 식의 설교는 회중을 제자가 아닌 성경 전문가나 독창적 율법학자들로 만드는 문제를 일으킬 수 있다. 그런 설교는 회중을 하나님의 영광과 자비로 겸손하기보다 자신이 섭렵한 성경 지식으로 우쭐해지기 쉬운, 지성에 치우친 백성으로 양육한다. 그런 설교는 회중에게 성경 자체가 목적이며, 구원 얻는 믿음이란 그저 성경에 대한 지식에 지나지 않는다는 환상을 키워 준다.

예수님은 그런 성경 '전문가들'을 두고 이렇게 말씀하셨다. "너희가 성경에서 영생을 얻는 줄 생각하고 성경을 연구하거니와 이 성경이 곧 내게 대하여 증언하는 것이니라 그러나 너희가 영생을 얻기 위하여 내게 오기를 원하지 아니하는도다."요 5:39-40

39

그러므로 설교는 강해적이어야 하지만 강해란 문장 독해 훈련을 완수하는 것과는 다르다. 설교자들이 본문의 문법과 논리를 드러내는 건 성경 본문이 전달하는 진리와 현실을 드러내려는 더 큰 목표를 위해서다. 궁극적으로 설교자는 반드시 하나님이 말씀하시는 것같이 그분을 드러내기 위해 설교해야 한다.

설교와 가르침의 차이

나는 이단에 대해 가르친다. 사실이다. 유니언 신학교에서 신학생들을 가르칠 때 나는 학생들에게 펠라기우스주의, 아리우스주의, 네스토리우스주의 등 여러 종류의 이단을 가르친다. 나는 학생들이 모든 형태의 그릇된 가르침을 이해하기를 바라기에 그들에게 다양한 이단 교리를 제시한다. 그러나 나는 그러한 것들을 설교하지는 않는다. 거기에 가르치는 것과 설교하는 것 사이의 치명적인 차이가 있다.[1]

가르칠 때 나는 그저 필수적인 지식들을 선명하게 제시하고자 한다. 나는 그 거짓들을 진리의 반대 자리에 둠으로써 학생들이 한쪽은 미워하고 다른 한쪽은 사랑하게 하려 한다. 그러나 설교할 때는 훨씬 더 깊고 커다란 일이 이루어진다.

하나님이 말씀하실 때 흑암에 빛이 비치고 마른 뼈들이 살아난다. 겔 37:5-6 하나님의 말씀은 권위를 가지고 무언가를 행한다. 하나님은 그 말씀을 보내 이루고자 하시는 뜻을 성취하신다. 사 55:11 놀랍게도 설교자가 하나님의 말씀을 전할 때도 동일한 일이 일어난다.

기독교 설교에서 설교자들은 단순히 어떤 진리를 생각해 내 제시하는 게 아니다. 오히려 회중은 '하나님이 말씀하시는 것oracles of God', 곧 새로운 생명을 주는 '썩지 않는 씨'를 듣는다. 벧전 4:11; 1:23-25 제2 헬베틱 신앙고백서는 담대하게 말한다. "하나님의 말씀을 설교하는 것은 곧 하나님의 말씀이다."[2]

물론 그렇다고 설교자의 말이 어떤 식으로든 성경과 동일한 권위를 갖는다는 건 아니다. 설교자는 성경이 가진 최고의 권위 안에서 성경을 의지하는 반면, 성경은 결코 설교자에게 의지하지 않는다. 강단에서 전해지는 말씀은 오직 하나님의 말씀을 신실하게 선포하는 한에서만 권위가 있다. 그러나 그 말씀이 신실하다면 회중은 분명히 하나님의 말씀을 듣는 것이다.

이는 대담한 주장이지만 우리는 이런 주장을 성경에서 볼 수 있다. 성경은 그리스도인들에게 "하나님의 말씀을 너희에게 일러" 주던 인도자들을 생각하라고 권한다. 히 13:7 그 인도자들은 그저 하나님의 말씀에 관해 말해 주기만 한 것이 아니다. 그들은 생명을 주는 능력으로 하나님의 말씀을 일러 주었다.

장 칼뱅은 디모데전서 3장 2절에서 "감독은 …… 가르치기를 잘하며" 부분을 설교하며 다음과 같이 말했다.

어떤 사람이 어떤 강단에 올라갔을 때, 과연
그것이 그를 동떨어진 자로 보이게 하고,
대단한 자 되게 하기 위한 것일까? 전혀 그렇지

않다. 하나님이 그 한 사람의 입으로 우리에게 말씀하시는 것이다. 그리고 하나님은 거기서 자신을 주시는 호의를 베푸신다. 하나님은 죽을 몸을 가진 한 사람이 거기서 그분의 메신저가 되기를 바라신다.[3]

다시 말하면, 설교는 하나님에 관해 말하는 것 이상이다. 설교는 하나님에 의해 전해지는 말씀이다. 하나님의 생명을 주시는 음성이 들려지면 그것의 실체는 현재에 있다. 말씀을 듣는 이들은 단순히 하나님이 은혜로우시다는 설교자의 주장을 듣는 게 아니다. 하나님은 그 말씀 안에서 은혜로우신 분으로 계신다. 바로 거기서 하나님은 구속의 일을 행하신다. 하나님은 거기서 사람들이 그리스도의 인격을 실제로 대면하게 하신다.

우리 설교자들은 단순히 그리스도를 논하는 것이 아니다. 우리는 회중에게로 그리스도를 모셔 가는 것이다. 우리는 "그리스도를 대신하여 사신대사; ambassador이 되어 하나님이 우리를 통하여 권면하시

는 것같이" 설교한다. 고후 5:20

　　이것이 옛 종교개혁자들이 설교를 일컬어 그리스도께서 베드로와 사도들에게 주신 "천국 열쇠"라고 말한 이유다. 마 16:19; 요 20:23 사신은 자기 주인의 이름으로 말하면서, 죄를 사하고 천국의 문을 여는 권세를 가진 그 주인의 복음을 사용한다.

　　한 번 더 장 칼뱅의 말을 들어 보자.

　　사역자들은 눈먼 자에게 빛을 비추어 눈을 밝게 하고, 포로 된 자에게 자유를 주며, 죄 사함을 받게 하고, 심령을 돌이키게 하기 위해 보냄을 받았다고 일컬어진다. 뭐라! 이는 하나님 한 분께 속한 일들이 아닌가. …… 죄를 사하는 것보다 더 하나님께 속한 일이라고 말할 수 있는 것은 없다. 심령을 돌이키는 일 또한 하나님의 일이다. 그럼에도 불구하고 하나님은 그분의 말씀을 전하도록 부르신 이들에게 이 모든 자격을 부여하시며, 자신을 그들에게서 분리시키지 않으신다고 선언하시고, 그들을 자신의 손과

도구로 쓰신다.[4]

이로써 완전히 구식의 의사소통 형식으로 보일 수 있던 그것이 비로소 이해되기 시작한다. 설교는 한 사람이 다른 사람들에게 복된 소식을 전해 주는 일로서, 복음의 은혜를 현존하게 한다. 죄인들은 앉아서 스스로 답을 찾지 않는다. 반드시 생명을 주는 말씀이 그들에게 전해져야 한다. 하나님의 말씀이 선포되며, 죄인들은 그것을 순전히 받아들인다.

우리가 설교를 통해 단순히 하나님에 관해 듣는 것이 아니라, 하나님을 듣고 만나는 것이라는 사실은 설교에 대한 우리의 바람을 바꾸어 놓는다. 회중에게 이 사실은 설교에 대한 기대치를 높이는 일이 아닐 수 없다. 그리스도와의 진정한 만남을 다른 어떤 곳에서 찾기를 바라면서 그저 훈계의 시간을 지루하게 견디는 대신, 회중은 하나님 말씀이 선포되는 바로 그 자리에서 하나님과 만날 수 있다.

또한 설교자에게 이와 같은 설교의 실체는 겸손하게 하는 동시에 강건하게 하는 근거가 된다. 설교자가 자신이 자기 주인의 사신이요 청지기로서 강단에 선다는 사실을 알 때, 자신의 잘남을 뽐내려는 모든 바람은 사라지고, 자아에 대한 신뢰가 어리석은 일로 여겨진다. 동시에 소심한 설교자의 불안한 신경과 연약한 무릎은 힘을 얻게 된다. 자신이 어떻게 느끼든 자신은 대언자라는 사실을 알기 때문이다. 나이가 많든 적든, 경험이 풍부하든 그렇지 않든 설교자는 하나님이 쓰시는 도구다. 회중 가운데 앉아 있는 사람은 누구든지 그 설교자를 보기 위해서가 아니라 하나님이 하시는 말씀을 듣기 위해 그 자리에 있는 것이다.

그런 이유로 마틴 로이드 존스1899-1981는 런던의 웨스트민스터채플Westminster Chapel에서 설교할 때 설교 가운을 입곤 했다. 물론 당시에도 이는 시대에 뒤처진 관행으로 여겨졌다. 하지만 가운의 주목적은 한 개인을 그 사람이 맡은 역할 뒤로 숨기는 것이다. 회중이 한 개인으로서의 마틴 로이든 존스가 아니라, 그가 누구든 하나님이 세우신 메신저의 말을 듣는다는 것이다. 그는 자신이 그저 교사나 세일즈맨

이 아니라 하나님의 전령herald임을 알았다. 그는 자기 권위에 의지해 말하지 않았다. 오로지 보내심을 받은 대사로서 세상에 생명과 빛을 가져다주는 그 말씀the Word을 전했다.

내가 빛이 되어
비추려는
부담을 내려놓고

3

그리스도의 대사? 하나님의 계시의 전령? 그렇게 무거운 책임을 진다는 건 너무 위험한 일 아닐까? 그 부담감이 우리를 짓누르지는 않을까? 이런 생각은 확실히 강단에서의 가벼운 부주의함을 줄일 수 있다. 하지만 반드시 기억해야 할 사실은, 하나님의 말씀이 전해지게 하는 능력은 인간 설교자에게 속한 것이 아니라는 점이다.

성경은 "어두운 데를 비추는 등불"이다. 벧후 1:19 그 말씀을 열면 빛이 비치어서 119:130 눈을 밝게 하고 시 19:8 우리 길에 빛이 된다. 시 119:105 이를 거절하는 자들은 "광명을 배반하는 사람들"이라고 불린다. 욥 24:13 설교자 자신이 그 빛이 아니며, 교회 자체도 그 빛이 아니다. 주님은 능히 '떨어진 교회'의 촛대를 옮기실 수 있다. 계 2:5 그 대신 교회는 진리의 기둥이나 버팀목, 터, 받침대라 불린다. 딤전 3:15 교회는 그 빛이 보이도록 잘 떠받치고 있어야 한다. 교회라는 기둥

위에 빛이 놓인다.

설교자 역시 마찬가지다. 설교자는 빛이 아니며, 빛을 받들기 위해 존재한다. 바로 여기에 설교자들을 겸손하게 하는 동시에 안도하게 하는 위로가 있다. 그들은 자신의 약점과 부족함을 너무 잘 안다. 비록 그들은 한없이 미약할지라도, 그들이 전파하는 하나님의 말씀은 영광스럽고 밝히 빛나는 빛으로서 말씀의 원저자 되시는 분의 위엄과 함께 빛난다.

청교도 존 오웬은 성경 안에 이 빛은 "오직 하나님의 위엄과 진리와 거룩함과 권위의 빛줄기며, 그 빛은 말씀의 원저자이신 성령에 의해 주어지고 새겨진다. 말씀에는 하나님의 탁월하심이 날인되어 있는 것이다"라고 썼다.[1] 이처럼 말씀은 우리를 의지할 필요가 없고, 오직 홀로 스스로 밝히 나타난다. 성경은 성경이 하나님의 말씀이라고 주장할 뿐 아니라, 그 자체로 하나님의 말씀임을 증명한다.

빛이 어떻게 일하는지를 생각해 보라. 빛은 자신을 드러내기 위해 다른 어떤 것을 더 필요로 하지 않는다. 태양은 자신을 비춰 줄 스포트라이트가 필요 없다. 빛은 스스로 드러난다. 엡 5:13-14 마찬가지로 하나님의 말씀은 본래적인 신성을 스스로 증명하는 영광으로 빛난다. 그 때문에 하나님의 말씀은 "하나님의 능력"이며롬 1:16 "살아 있고 활력이 있어"히 4:12 "영혼을 능히 구원"하고약 1:21 우리를 든든히 세운다고행 20:32 일컬어진다. 마치 모든 책이 저자의 인격 일면을 드러내는 것처럼, 성경은 초인적이고 신성한 지혜의 흔적을 담고 있다.

C. S. 루이스가 이를 다음과 같이 표현했다. "나는 해가 떠오른 것을 믿는 것처럼 기독교 신앙을 믿는다. 해를 보아서만이 아니라 해를 통해 다른 모든 것을 보기 때문이다."[2]

저마다 다른 문화, 다른 기질과 환경에 있는 모든 이에게 하나님의 말씀은 죄를 깨닫게 하고 낮아지게 하고 진단하며 변화시킨다. 하나님의 말씀은 어떤 철학자도 필적할 수 없는 통찰력으로, 우리의 모든 영광과 실패 가운데서 인간으로 존재한다는 것이 무엇인지 설명한다. 하나님의 말씀은 인간의 다른 어떤 종교도 전한 적이 없었고, 또 모든 상상을 넘어서면서도 무한히 납득이 되는 하나님을 말한다. 하나님의 말씀은 어떤 쾌락주의자의 탐구로도 밝혀 내지 못했던 참된 행복에 대한 놀라운 비밀을 드러 낸다.

신성을 가지신 한 저자 외에 그 누가 삼위일체 나, 말씀이 육신이 되신 것이나, 우리를 위해 십자가 에서 죽음의 고통을 당하신 것이나, 거듭남의 교리 를 고안해 낼 수 있겠는가? 장 칼뱅은 이렇게 말한 다. "결론적으로, 우리는 인간이 가진 모든 재능과 미 덕을 훨씬 능가하는 거룩한 말씀이 신성한 무언가를 드러낸다는 사실을 쉽게 알 수 있다."[3]

성경의 독보적인 위엄에 대한 반론들

다른 종교의 경전"holy" book도 있지 않은가

어떤 이는 이 모든 게 그저 그리스도인이 말하 는 것이라고 반론을 제기할 수 있다. 예를 들어, 무슬 림들은 그들의 경전인 꾸란이 신적인 기원을 스스로 증명한다고 믿지 않는가?

　　그렇다. 그들은 그렇게 말하겠지만, 사실 그들은 사뭇 다른 것을 말하는 것이다. 무슬림들은 일반적으로 꾸란의 문장들이 가진 초자연적인 아름다움이 신적 저작권의 증거라고 말한다. 하지만 성경에서 여러 인간 저자들은 시가詩歌에서 역사적 기록, 개인적인 편지에 이르기까지 서로 다른 장르와 문체로 말한다. 기독교 성경의 신적 특성은 영감을 받은 단어들의 선택이나 배치에서 주로 발견되는 것이 아니다. 물론 성경에 있는 단어들의 선택과 배치는 영감으로 이루어졌다. 하지만 천국의 영광으로 가장 밝게 반짝이는 것은 성경의 의미와 메시지와 증명된 현실이다.

　　일반적으로 생각하는 것처럼, 성경의 단어 하나하나를 집중적으로 연구하는 것이 물론 도움이 되기는 하지만, 성경의 신적 기원에 대한 진정한 확신은 그저 성경 한 페이지를 빤히 들여다보거나 좋아하는 구절을 반복해서 읽는다고 생기지 않는다.

　　성경에 있는 신적 영광에 대한 우리의 이해는

성경 전체를 보다 폭넓게 읽음으로써 자라난다. 성경 전체를 그러한 방식으로 읽을 때 비로소 성경에 담긴 다각적인 지혜의 메시지가 가장 선명하게 빛을 발하는 것이다. 하나님의 백성은 신앙 성숙을 위해 하나님의 경륜 전체가 필요하다.

그렇다면 왜 모든 사람이 성경을 믿지 않는가

제기되는 또 다른 반론은, 만일 성경이 스스로를 증명하는 하나님의 말씀이라면 당연히 모든 사람이 성경을 믿어야 하는데 왜 실제로는 그러지 않느냐는 주장이다.

이는 성경에 어떤 결함이 있어서가 아니다. 하나님의 말씀은 등불이지만, 그렇다고 모든 사람이 그 빛을 볼 수 있다는 뜻은 아니다. 빛light이 곧 봄sight은 아니기 때문이다. 이는 정확히 말해 믿지 않는 자들에게 있는 문제다. "그중에 이 세상의 신이 믿지 아니하는 자들의 마음을 혼미하게 하여 그리스도의 영광의 복음의 광채가 비치지 못하게 함이니 그리스도는 하나님의 형상이니라."고후 4:4

인간은 본성적으로 영적 맹인으로 태어나 하나님의 말씀에 거하는 영광의 빛을 볼 수 없다. 지금도 존재하며 항상 존재했던 것을 볼 수 있으려면 우리에게는 우리 눈을 열어 주시는 성령이 필요하다. 그래서 설교자로서 우리는 반드시 성령이 일해 주시길 기도해야 한다. 그분이 조명해 주시길 구해야 한다. 회중의 마음을 어지럽히는 상황을 성령이 멈춰 주시고, 그들의 마음이 주님의 말씀으로 이끌리게 해 주시길 구해야만 한다. 우리는 반드시 성령이 회중의 눈을 열어 주시길 기도해야 한다.

그렇다면 성령은 어떻게 눈을 열어 빛을 볼 수 있게 하시는가? 이번에는 기독교의 성경이 몰몬교의 경전과 어떻게 다른지에 주목해 보자. 몰몬교도들이 다른 사람들에게 몰몬경을 믿게 하려 할 때, 그들은 종종 이런 식으로 말한다. "이걸 읽고 기도하세요. 나도 그랬어요. 그러자 하나님이 내게 이 저항할 수 없는 행복감을 주셨고, 나는 곧 이것이 진리임을 알게 되었어요." 달리 말해, 그들은 철저히 주관적인 경험을 가진 것이다.

일부 그리스도인은 성경이 하나님의 말씀이라는 확신을 구할 때 이와 아주 똑같은 기대를 한다. 은밀한 경험이나 자기 머릿속에 울리는 음성을 통한 확신을 찾는 것이다. 그러나 이는 성령이 우리 눈을 열어 성경을 믿게 하시는 방식이 아니다.

성령은 우리 눈을 열어 주실 때 우리에게 단지 말씀에 관해of the Word 말씀하시지 않고, 말씀으로써by the Word 말씀하신다. 성령은 성경에 어떤 새로운 음성을 더하시지 않는다. 다만 우리가 성경에 있는 하나님 음성을 인식하게 하신다.

성령은 어떤 추가 증거를 대서 성경이 하나님의 말씀임을 내세우지 않으신다. 그 대신 눈이 있는 누구나 볼 수 있도록 성경 안에 항상 존재했던 것을 보게 하시려고 우리 눈을 가리고 있던 타고난 어두움을 제거하신다. 성령은 우리가 이미 빛나고 있던 그 빛을 알아차릴 수 있게 하신다. 그런 식으로 우리는 어떤 경험이 아니라 하나님의 말씀 안에서 발견하게 된 영광스러운 하나님을 신뢰하게 된다.

'구원 얻은 믿음'의 견고한 기초

찰스 스펄전은 설교자는 하나님의 말씀이 스스로를 입증하도록 해야 한다는 사실을 말하기 위해 그가 설교 사역을 감당하는 동안 다음 예화를 자주 들었다.

우리가 하나님의 말씀을 다만 설교하고
그 말씀을 보호하기를 그친다면, 그 말씀은
스스로를 책임질 수 있고 또 그렇게 할 것이다.
저 사자를 보라. 사람들은 저 사자를 보호하기
위해 우리에 넣었다. 적에게서 사자를 안전하게
지키기 위해 쇠창살 안에 가두었다. 오, 미련하고
더딘 마음을 가진 자들이여! 저 문을 열라!
저 숲의 왕을 자유로이 나아가게 하라. 누가 감히
그와 맞서겠는가? 보호자 노릇을 하는 당신을
그가 조금이라도 원하겠는가? 저 순전한 복음을
사자와 같은 그의 위엄으로 나아가게 하라.
그리하면 그 복음은 자기의 길을 열 것이며,

그 대적에게서 자신을 평안하게 할 것이다.[4]

이는 보기보다 훨씬 더 중요한 문제다. 어쩌면 설교자에게 제기되는 가장 중대한 문제다. "여러분의 회중은 어디에 그들의 믿음을 두어야 하는가? 설교자인 여러분인가, 하나님의 말씀인가? 그들은 여러분의 지혜를 신뢰해야 하는가, 하나님의 지혜를 신뢰해야 하는가?"고전 2:1-5

장 칼뱅은 성경에 대한 믿음을 견고히 세우는 것에 관한 흥미로운 주장을 펼치며, 이 문제를 훌륭하게 설명한다. 《기독교 강요》의 두 장1권 7-8장에 걸쳐 그는 우리가 어떻게 오류에 빠지게 되는지에 주목한다. 7장에서 그는 성경은 스스로를 입증하며, 이것만이 진정한 구원 얻는 믿음을 위한 참된 기초가 된다는 사실을 보여 준다. 그는 이렇게 말한다. "논쟁을 통해 성경에 대한 믿음을 확고히 하려 애쓰는 사람들은 문제를 역행하는 것이다." 자신의 논증 위에 성경에 대한 믿음을 세우려는 사람은 "자기 마음에 경건을 위해 필요한 확신을 새길 수 없다."[5]

그렇다면 칼뱅은 성경의 신뢰성에 대한 모든 변증적인 논증이 다 필요 없다고 생각한 것일까? 전혀 그렇지 않다. 8장에서 그는 계속해서 다음과 같이 말한다. "인간의 이성이 바르게 서 있는 한 성경의 신뢰성을 지지하는 증거들은 우리 가까이에 충분히 있다." 이어서 그는 성경 본문의 유구성과 신빙성, 본문들의 일관성, 이적들과 성취된 예언 등을 열거한다.

그가 말하려는 요점은 이것이다. 참된 신앙은 사람의 논증이 아니라 반드시 하나님의 말씀의 기초 위에 세워져야 한다. 그러나 일단 우리가 그런 믿음을 갖게 되면, "그런 논증들은 아주 요긴한 도구가 될 수 있다. 비록 그 자체로는 우리 마음에 성경에 대한 확신을 접붙이고 확실히 뿌리내리게 할 만큼 충분히 강력하지 못하지만 말이다."

다시 말해, 참된 믿음은 하나님의 말씀이라는 견고한 기초 위에만 세울 수 있다는 것이다. 우리는 결코 변증적인 논증을 우리 믿음의 기초로 삼을 수 없다. 하지만 그것들은 우리가 온전히 사리를 분별하는 가운데 성경을 신뢰하고 있다는 사실을 보여 주며 우리에게 위안을 준다. 우리는 제정신이 아니라서 기독교 신앙을 믿는 게 아니다.

이와 동일하게, 우리 설교자들은 자기 지혜나 언변으로 회중의 믿음의 기초를 세우고자 하는 역행적인 사역을 행하지 않도록 반드시 세심한 주의를 기울여야 한다. 우리는 얼마든지 유용한 도구로 쓰임받을 수 있다. 그러나 우리가 구원 얻는 믿음의 기초를 제공하지는 못한다. 기초는 오직 하나님의 말씀에 있다. 우리가 그 말씀을 견고히 붙들고 선명하게 드러낸다면 그 말씀은 스스로를 입증할 수 있다.

이런 사실을 아는 건 자신에게 있는 은사들을 아는 이들을 겸손하게 하기에 충분하다. 가장 능력 있는 은사조차 구원 얻는 믿음의 토대는 아니기 때문이다. 또한 이 사실은 자신에게 있는 약함을 잘 아는 모든 자들을 위로하기에도 충분하다.

설교자들이여, 여러분이 빛이 아니다. 오직 참된 등불이 어두운 데를 밝히 비추게 하라!

그리스도를
생생하게
보여 주려면

4

내가 설교를 배웠던 런던의 교회에는 설교하러 강단에 올라간 설교자들만 볼 수 있게끔 설교단 안쪽에 짧은 글귀가 새겨져 있다. "선생이여 우리가 예수를 뵙고자 하나이다." 요한복음 12장 21절을 인용한 그 말씀은 내가 그 강단에서 해야 할 일이 무엇인지를 분명하게 해 주었다. 그 간단한 문구의 의미는 결코 얕지 않다. 그야말로 기독교 사상의 가장 깊은 면을 반영한 표현이었다.

예수 그리스도는 하나님의 진리와 영광이시기에 우리는 그분 안에서 하나님의 은혜와 생명과 지혜를 발견하게 된다. 그분의 얼굴에서 우리는 "하나님의 영광을 아는 빛"을 본다. 고후 4:6 그분은 성부로부터 오신 계시의 말씀이며, 진리의 성령이 증언하는 분이시다. 참으로 하나님은 그리스도의 말씀을 통해 우리에게 "구원에 이르는 지혜가 있게" 하시려고 성령으로 성경을 정확하게 감동하신다. 딤후 3:15 그래서 율법이 그리스도 안에서 성취되며롬 10:4 선지자들과 사도들과 모든 성령이 그분에 대해 증언하는 것이다. 눅 24:27, 44-46; 요 5:39-40, 46

예수 그리스도는 이스라엘의 주님이시요, 모세의 반석이시며, 여호와의 군대 대장, 고난받는 종, 율법의 마침, 진정한 성전 그리고 약속된 메시아시다. 오직 그분만이 길이요 진리요 생명이시기에 그분은 언제나 구원 얻는 믿음의 참된 대상이셨다. 그분으로 말미암지 않고는 아버지께로 갈 사람이 아무도 없다. 요 14:6 그분은 하나님과 사람 사이의 유일한 중보자시다. 딤전 2:5 "다른 이로써는 구원을 받을 수 없나니 천하 사람 중에 구원을 받을 만한 다른 이름을 우리에게 주신 일이 없음이라."행 4:12

예수 그리스도는 우리 구원의 시작이요, 과정이며, 끝이시다. 그분은 우리가 지음받은 목적이시다. 그분은 어떤 다른 진리나 상급이나 메시지의 중개인이 아니시다. 우리는 마치 천국이든, 은혜든, 생명이든, 다른 무엇이든 그 진짜 축복을 그리스도를 통해 얻는 것처럼 생각할 수 있다. 하지만 "생명"은 그저 그분이 가르쳐 주시는 길로 가면 얻는 무언가가 아니다. 그렇지 않다! 그분이 바로 '살아 계신 분the Living One'이시다. 그분은 성령 안에서 우리에게 허락된 성부의 생명이요, 지혜시다. 그분이 곧 생명이고, 생명은 오직 그분 안에 있다.

설교자의 사역에 이를 어떻게 적용해야 하는지는 명확하다. 성부의 뜻과 성령의 일하심과 성경의 목적이 예수 그리스도를 알리는 것이라면, 신실한 설교자들 역시 그리해야 한다. 성자의 크고 영원한 목적이 자신의 신부를 얻는 것이라면, 그의 전령들은 그분을 위해 구혼求婚해야 한다. 설교자들은 창세기 24장의 아브라함의 종처럼, 자기 주인의 아들을 위해 신부를 찾는 일을 위임받은 자들이다.

오직 우리 설교자들이 자신에게서 눈을 떼어그분을 전할 때만 하나님을 참으로 영화롭게 할 수있다. 그러나 그와 같이 할 때, 설교가 항상 복음을 전하는 것인 동시에 성도를 가르치는 것이 되도록 해야 한다.

그리스도를 드러내지 않는 설교

물론 많은 설교가 그리스도를 전하려는 시도조차 하지 않는 것이 현실이다. 설교에서 대안적 메시지와 구원자들이 장려되거나, 비성경적인 '그리스도들'이 선포되거나, 또는 설교가 도덕주의나 위락을 위한 일, 정치 운동, 인기몰이로 혼동되는 경우도 있다. 심지어 그리스도가 성경의 위대한 주제임을 아는 사람조차 정작 실제 설교에서는 성경 내용을 그분이 아닌 우리에 대한 내용으로 만드는 오류에 쉽게 빠져든다.

골리앗과 싸우는 다윗 이야기를 우리를 위해 싸우시는 다윗의 후손이 아니라, 직접 영웅이 되어야 할 나를 위한 하나의 본보기로 취급하는 것이다. 그리스도의 말씀을 자기 계발 메시지나 더 만족스러운 삶을 살도록 보조하는 매뉴얼로 삼는 것이다. 마치 우리의 가장 큰 필요가 그리스도가 아닌 다른 무엇이라는 듯 말이다.

설교자들은 각자 자신에게 한 가지 중대한 질

문을 던져야 한다. "나는 회중에게 그들이 행해야 할 일을 말하고 있는가, 예수님과 그분이 행하신 일을 말하고 있는가?"

마르틴 루터는 이에 대해 《복음에서 찾고 기대해야 할 것에 대한 간략한 지침A Brief Instruction on What to Look for and Expect in the Gospels》이라는 탁월한 소책자 한 권을 썼다. 그는 이 책에서, 복음은 "그분이 하나님의 아들이시고, 그분이 우리를 위해 사람이 되셨고, 그분이 죽으시고 다시 살아나셨으며, 그분이 만물의 주로 세워지셨다는, 오직 그리스도에 대한 담화" 외에 다른 것이 아니며, 다른 것이 되어서도 안 된다고 주장한다.[1]

우리가 이 복음을 전할 때 그리스도께서 우리에게 오시고 우리는 그분께로 이끌린다. 하지만 루터는 이에 덧붙여, 우리는 그리스도를 모세로 만들지 말아야 한다고 경고한다. 그리스도께서 하신 일은 가르치시고 본을 보여 주시는 것에서 끝나지 않는다. 복음은 우리에게 요구되는 행위들을 나열한 계명 모음이 아니다. 복음은 신적인 약속들의 모음이다. 복음은 하나님이 우리에게 그리스도 안에 있는 자신의 모든 소유와 은택을 약속하고 공급하며 내주신다는 말씀이다. 그래서 루터는 이렇게 말했다. "복음의 주요 조항과 기초는 그리스도를 본보기로 삼기 이전에, 그분을 선물로 받아들이고 인정하라는 것이다."[2]

우리 설교자들이 그리스도를 설교하는 데 실패하는 또 다른 방식이 있는데, 이는 성경을 가장 진지하게 대하는 사람들마저 빠지기 쉬운 길이다. 우리는 마치 말씀을 머리로 아는 지식에 생명이 있는 것처럼, 또 마치 성경 지식 자체가 그리스도를 믿는 믿음과 같은 것인 양 성경을 다룰 수 있다.

예수님이 유대 지도자들에게 말씀하신 것을 기억하는가? "너희가 성경에서 영생을 얻는 줄 생각하고 성경을 연구하거니와 이 성경이 곧 내게 대하여 증언하는 것이니라 그러나 너희가 영생을 얻기 위하여 내게 오기를 원하지 아니하는도다."요 5:39-40 우리의 설교도 이런 식이 될 수 있다. 겉으로는 흠잡을 데 없이 성경적으로 보여도, 결국 회중을 그리스도를 경배하는 자가 아닌 그저 성경을 연구하는 학생으로 만드는 설교가 될 수 있다는 것이다.

성경은 그리스도가 아니다. 우리는 성경 지식과 그리스도에 대한 믿음을 혼동하지 말아야 한다. 성경은 성경 자체를 가리키고 있지 않는 것만큼이나 그 자체로서 생명을 가지고 있지도 않다. 성경은 그리스도를 가리키는 말씀이다. 성경은 단순히 우리로 하여금 그리스도에 대해 알거나 생각해 보게 하려 기록되지 않았다. 성경은 우리로 하여금 생명을 위해 그분께로 나아가게 하려고 기록된 책이다. 요 5:40

그리스도를 설교할 때 주의 사항

물론 설교자 가운데 대다수는 그리스도를 설교해야 한다는 걸 잘 알고 있고, 그렇게 하고 싶어 한다. 그래도 이는 여전히 우리에게 쉽지 않다. 왜 그럴까? 자, 지금부터 우리가 그리스도를 설교하려 할 때조차 범하기 쉬운 세 가지 실수에 대한 치료책을 알아보자.

1 ▨ 관념이 아닌 그리스도를 설교하라

죄의 중력은 우리를 그리스도를 믿는 믿음에서 내려오게 하고 멀어지게 한다. 우리가 그리스도의 자리에 다른 대체물을 두고, 다른 경배의 대상을 소유하는 것에 익숙해지게 하는 것이다. 설교자들도 그러한 부정적인 일에 일조할 수 있다. 그중 가장 미묘한 방식 가운데 하나는 우리의 설교 속에서 예수 그리스도의 구체적이고 실제적인 인격을 관념으로 뒤바꾸는 것이다.

어떤 관념이든 그리스도의 자리를 차지할 수 있지만, 더 신학적인 것일수록 그리스도의 자리에 서서 그분의 부재를 감추고 있다는 사실을 알아채기가 더 어렵다. 즉 "복음", "진리", "은혜" 또는 "성경" 등이 마치 구주나 하나님인 것처럼 다루어질 수 있다는 것이다.

심지어 "십자가"조차 관념으로 다루어지며 예수님의 대체자 노릇을 할 수 있다. 사실 십자가는 아마 이런 위험을 가장 첨예하게 드러내는 지점일 것이다. "그리스도를 설교"하고자 하는 설교자들은, 속죄를 반복해 말하기 위할 뿐이라는 미명 아래 모든 설교에서 수시로 십자가를 언급하기 쉽다. 그러나 속죄 자체는 그저 "구원"을 위한 비인격적인 장치로서 제시될 수도 있다. 속죄라는 개념이 그리스도를 보배롭게 여기게 하는 일과 상관없이 제시될 수 있다는 것이다.

그리스도를 설교한다는 것은 그리스도를 위하는 모든 교리를 설교하는 것을 포함한다. 그러나 그 어떤 교리도 그리스도와 분리되어 궁극적인 것으로 취급되어서는 안 된다. 그리스도 자신이, 그분의 인격이 길과 진리와 생명이시다.요 14:6 그분 홀로 성도들의 영광과 기쁨이 되는 분이시다. 그분이 신랑이시고, 신부는 그분을 기뻐하도록 초청받는다. 그분 없이는, 복음도, 은혜도, 진리도 없다.

2 ▨ 단순한 개념이 아닌 실재를 선포하라

"모든 성경에서 그리스도를 설교하는 것"은 복

음주의 서적과 컨퍼런스의 주된 주제였다. 이는 여러모로 좋은 일이지만, 자칫 '그리스도를 설교하는 것'을 그저 설교 결론부에 그리스도에게 "도달하는" 방법을 찾아내는 해석학적인 놀이로 전락시킬 위험이 있다. 그리스도를 성경 본문 퍼즐에 대한 설교자의 기막힌 해답으로 만드는 것이다. 그럴 경우 그리스도는 옳은 답으로 제시되면서도 사모할 분으로는 드러나지 않을 수 있다.

이런 실수는 그리스도를 다른 어떤 진리로 대체하지는 않는다. 그러나 그리스도를 설교자의 분석을 위한 '죽은 견본'으로 삼아 채 썰고 조각낸다. 이런 식의 접근에서 그리스도는 설교자의 논리적인 결론일 뿐, 우리의 살아 계신 주님은 아니시다. 물론 우리의 교만은 이런 일을 좋아한다.

만일 성경이 전능하신 하나님의 살아 있고 활력 있는 말씀이 아니라 개념들을 뽑아내기 위해 해부해야 할 인공의 유물 정도라면, 우리는 성경 본문에 능숙한 장인으로서 그 위에 설 수 있을 것이다. 그러면 우리는 그 말씀을 마주하는 데서 오는 불편함을 감수할 필요도 없으리라. 그러나 그러면 설교는 순전히 그리스도에 대한 기념, 곧 묘비로 전락할 것이다.

하지만 바울은 그리스도를 대신하여 사신으로서 간청할 때고후 5:20 신학 입문서를 고치는 학교 선생보다 더 큰 자신의 역할을 분명히 알고 있었다. 그는 단순히 사람들에게 그리스도에 대한 지식을 전해 주지 않았다. 그는 그리스도를 전해 주었다. 바울의 간청에서 그리스도는 그분의 백성이 그분께로 나아와 마음을 그분께로 향하고 그분을 신뢰하도록 그 백성들 눈앞에 게시되셨다. 사람들은 바울의 설교를 통해 부활하신 그리스도를 만나게 되었다.

성부께서 세상의 구원을 위해 그리스도를 보내신 것처럼, 설교자도 사람들이 그분을 놀라워하고 사랑하고 신뢰하며 경배하도록 그리스도를 보내야 한다. 그리스도의 크고 영원한 목적이 자신의 신부를 얻으시는 것이듯, 설교자도 그리스도를 위해 이를테면 구혼求婚을 해야 한다.

청교도 목사 리처드 십스는 다음과 같이 말했

다. "그리스도와 모든 영혼들 사이의 혼인을 간청하는 것이 우리가 받은 소명의 목적이다. 우리는 교회를 그리스도께로 인도해 가는, 신부의 친구들이다. 또한 우리는 그리스도를 그들에게로 모셔 가는 교회의 친구들이다."[3] 성령이 단순히 그리스도에 관한 개념이 아니라 그리스도의 증언자가 되시듯이 우리도 그래야 한다.

3 ▨ 말하지 말고 보여 주라

사람들이 그리스도를 소중히 여기고 보배롭게 여기려면, 단순히 그들에게 그분이 선하고 참되며 아름다우시다고 이야기하는 것으로는 충분치 않다. 그들이 맛보고 또 볼 수 있게끔 그들에게 보여 주어야 한다. 그리스도는 선과 진리와 아름다움 그 자체시다. 그분이 그러한 분으로 드러나지 않는 한 그분을 충실하게 선포했다고 할 수 없다.

하지만 '보여 주는 것'은 설교자들에게는 훨씬 더 어려운 과제다. 갈피를 못 잡고 늘어놓는 말들은 보여 주는 설교일 수 없고, 자신이 먼저 그리스도를 기뻐하며 경외하지 않는 설교자에게서도 그런 설교가 나올 수 없기 때문이다. 그래서 우리 설교자들은 너무 쉽게 '이야기하는 것'에 안주한다. 흔한 예로, 회중이 설교자에게 자주 듣는 일종의 수사적인 질문들이 있다. "정말 놀라운 진리 아닙니까?" "그리스도께서는 참 영광스럽지 않으십니까?" 그런 질문들은 꽤 경건해 보이지만, 실제로 그런 질문들은 설교자가 회중에게 있었으면 하고 바라는 감정에 대한 진술에 불과하다. 그 설교자는 회중이 그것을 느끼도록 그리스도께서 얼마나 영광스럽고 놀라우신지 보여 주는 대신, 회중 스스로 그것을 찾아내도록 과제를 떠맡기는 것이다.

'보여 주는 것'은 단순히 설교 자체에만 국한된 도전이 아니다. 그것은 설교자의 영적 생활과도 연관되어 있다. 영적으로 메마른 설교자도 그리스도에 관해 말할 수 있다. 하지만 자신이 그리스도를 진정 즐거워하지 않는다면 그 설교자는 그리스도를 기뻐할 만한 분으로 나타낼 수는 없을 것이다.

다음 사례가 도움이 될 것이다. 아래 인용한 글은 찰스 스펄전이 1891년 6월 7일에 강단에서 전한 마지막 설교 중 일부다. 이것을 읽을 때 스펄전 특유의 어투에 신경 쓰거나 모방할 생각은 하지 말라. 다만 그가 어떻게 그리스도의 인격을 하나의 개념으로서가 아니라, 우리가 경외해야 할 분으로 제시하는지를 주목해 보라. 또 그가 어떻게 우리에게 그리스도의 은혜로우심에 관해 그저 말만 하지 않는지를 주목해 보라. 그는 우리로 하여금 그것을 느끼게 해 준다.

천국은 예수님을 위해 복무하는 것입니다.
나는 모집 부사관이며, 나는 지금 기꺼이 몇몇
신병들을 찾으려 합니다. 모든 사람은 반드시
누군가를 위해 복무해야 합니다. 우리는 그
사실에 대한 선택권이 없습니다. 아무 주인도
두지 않은 사람들은 자신의 노예입니다. 틀림없이
여러분은 사탄이나 그리스도 또는 자아나 구주를
섬길 것입니다. 여러분은 죄, 자아, 사탄 그리고

세상이 지독하게 엄한 주인들임을 알게 될
것입니다. 그러나 여러분이 그리스도의 섬김의
옷을 입는다면, 여러분은 그분이 참으로 온유하고
마음이 겸손하여 여러분의 영혼을 쉬게 할
분이심을 알게 될 것입니다. 그분은 가장 너그러운
대장이십니다. 최고의 왕자들 가운데서도 그분
같은 이는 없었습니다. 그분은 항상 가장 혼잡한
전쟁터에 계십니다. 찬바람이 불 때 그분은
항상 황량한 언덕 위에 서 계십니다. 십자가의
가장 무거운 면이 그분 어깨에 놓여 있습니다.
그분이 우리에게 짐을 지라 명하실 때 그분도 그
짐을 함께 지십니다. 만일 은혜롭고, 너그럽고,
친절하고, 부드럽고, 참으로 사랑 안에서 넘치도록
풍성한 무언가가 있다면, 여러분은 항상 그분
안에서 그것을 발견하게 될 것입니다. 나는 지난
40년이 넘는 시간 동안 그분을 위해 힘써 왔고, 그
이름이 찬송을 받으소서! 그동안 나는 그분께 사랑
말고는 아무것도 받지 않았습니다. 만일 그렇게
하는 게 그분께 기쁨이 된다면 나는 앞으로 40년

더 이곳에서 이 귀중한 임무를 계속 감당하고
싶습니다. 그분의 섬김은 생명이요, 화평이요,
기쁨입니다. 오, 여러분, 즉시 들어오십시오!
지금도 하나님은 여러분을 예수님의 깃발 아래
주의 군사로 모이도록 도우십니다.[4]

설교자들이여, 그리스도를 높이 들어 올리라!
그분이 높이 들려지실 때 친히 모든 사람을 자기에
게로 이끄실 것이다. 요 12:32

지적 이해와
정서적 감동이
조화를 이룰 때

5

어떤 설교가 지적인 면에만 치우쳐 있음을 알아챈 적이 있는가? 진리가 그득하지만 마음을 움직여 사람들을 사랑으로 세우지는 못한다. 이는 열heat 없는 빛이다. 반대로, 흥미롭고 감동적이지만 내용이 없는 설교를 들은 적이 있는가? 그런 설교를 듣는 건 마치 사탕 한 봉지를 먹는 것과 같다. 당장은 달콤함에 기분이 좋아질지 몰라도 멀리 내다봤을 때는 유익이 없다.

그렇다면 설교에서 빛과 열은 어떻게 조화를 이루어야 할까? 성경에서 빛은 끊임없이 하나님의 영광과 관련되어 언급된다.[1] 하나님은 자신의 빛을 비추실 때 관념적 지식을 전송하지 않으신다. 하나님의 빛은 그분의 인격적인 임재의 영광이다. 그래서 공의로운 해가 떠올라 빛을 비출 때 성도들이 '나가서 외양간에서 나온 송아지같이 뛰게' 되는 것이다. 말 4:2 그분의 빛은 기운을 북돋아 주는 생명의 온기를 가져다준다. 따라서 하나님의 영광의 빛은 경배의 열기에서 분리될 수 없다.

이것이 정확히 우리가 성자에게서 보게 되는 것이다. 그리스도는 성부의 영광이시다. 그분은 성령 안에서 기뻐하며, 모든 것을 자신이 "아버지를 사랑하는 것 …… 을 세상이 알게 하려"요 14:31 행하셨다.눅 10:21 그리스도는 아버지를 영광스럽게 여겼기에 아버지를 영화롭게 하셨다. 만일 그리스도께서 아버지를 영광스럽게 여기지 않으셨다면 그분을 영화롭게 하려 하지도 않으셨을 것이다.

이는 사도 바울이 복음의 빛을 전할 때도 마찬가지였다. 바울은 내면에서 터져 나오는 찬송을 막을 수 없었다.롬 1:25; 9:5; 11:33-36; 16:25-27 거듭 말하건대, 열이 없는 빛은 참된 빛이 아니다.

성 경 의 지 식 을 나 누 는 것 을 넘 어

어떤 빛은 성경의 지식을 전해 주면서도 구원

얻는 믿음은 고양시키지 않을 수도 있다. 귀신도 그런 지식은 가질 수 있다.약 2:19 하지만 그런 빛은 복음의 빛이 아니다. 복음의 빛은 사람들을 우쭐하게 하지 않고 마음에 겸손한 변화를 일으킨다. 이로써 사람들은 하나님의 선하심을 맛보고 보며, 그분을 자신의 피난처로 삼는다.시 34:8 복음의 빛은 하나님께 영광 돌리는 믿음을 불러일으킨다.롬 4:20

그래서 설교는 반드시 성경의 지식을 나누는 것 이상의 사역이어야 한다. 설교는 일반적인 연설일 수 없다. 신약성경은 설교를 표현할 때 주로 세 가지 단어, "케뤼소선포하다"와 "유앙겔리조마이복음을 전하다"와 "카탕겔로선언하다"를 사용한다. 설교는 권고를 담은 복음의 선언이자 선포다. 사도 바울과 함께 우리 설교자들은 이렇게 선언한다.

하나님께서 그리스도 안에 계시사 세상을 자기와 화목하게 하시며 그들의 죄를 그들에게 돌리지 아니하시고.

❖ 고린도후서 5장 19절

그리고 바울과 함께 우리는 그러한 사실에 기초하여 다음과 같이 권면한다.

> 그러므로 우리가 그리스도를 대신하여 사신이
> 되어 하나님이 우리를 통하여 너희를 권면하시는
> 것같이 그리스도를 대신하여 간청하노니 너희는
> 하나님과 화목하라.
> ❖ 고린도후서 5장 20절

이는 찰스 스펄전이 그의 학생들에게 다음과 같이 말한 이유를 설명해 준다. "우리에게 설교를 해 달라. 제발 연구 발표를 멈춰 달라."[2] 설교를 강의와 혼동하지 말라. 성경은 하나님의 말씀 그 자체가 "여호와를 경외하는 도"라고 밝힌다.[시 19:9] 설교는 하나의 재미난 이야기나, 일요일에 하는 그룹 활동이나, 흥미진진한 교양 수업의 일종인 것처럼 전해질 수 없다. 그럴 수 없다!

설교는 흑암과 지옥의 문들에 대한 가슴 뛰는 습격이며, 나팔을 불어 죄인들은 두려워 떨고 성도들은 경이로움에 전율케 하는 일이다.

쉬이 꺼지는 감정적 거품을 넘어

다른 한편으로, 빛 없이 열이 전부인 설교 역시 곤란하다. 설교는 결국 선언을 포함하며, 그것도 매우 구체적인 선언 즉 그리스도의 복음을 담고 있다. 조나단 에드워즈는 "거룩한 정서는 빛 없는 열이 아니다"라고 말하며 이렇게 덧붙였다. "거룩한 정서는 항상 우리가 이해하는 정보, 마음으로 받아들이는 영적 교훈, 빛 또는 실제적인 지식으로부터 일어난다."[3]

우리가 구하는 열기란 하나님의 말씀 외에 다른 어떤 것으로 휘저어 일어나게 되는 감정적 거품 같은 게 아니다. 이는 불신앙으로 나아가는 길이다. 그것은 설교자들이 회중의 심금을 울리기 위해 감정을 건드려, 그들로 하여금 금방 지나가 버릴 감상이라는 위태로운 토대 위에 자신들의 믿음을 두도록

하는 것이다. 진정한 영적 생명의 온기는 복음의 빛
아래서만 피어난다.

경배예배로 이끄는 설교

바울은 우리에게 하나님과 화목하여 그분 안에
서 생명을 얻으라고 권하는 말로써 설교한다. 하지
만 그것은 어떤 종류의 생명일까?

앞서 보았듯이, 성부 하나님은 늘 자신의 말
씀을 전하시는 영원한 설교자시다. 그 말씀그리스도
은 "하나님의 영광의 광채시요 그 본체의 형상"이시
다. 히 1:3 그분은 "보이지 아니하는 하나님의 형상"이
시며골 1:15 "하나님의 지혜"시다. 고전 1:24 그분은 성부
하나님의 모습을 마치 거울처럼 비춰 주는 분이시기
에 하나님은 그리스도 안에서 참되게 알려지신다.

그러나 하나님은 그저 이 완전한 형상을 알기
만 하시지 않는다. 하나님은 자신의 형상을 <u>사랑하
신다.</u> 성부는 성령의 교제 안에서 성자를 사랑하신

다. 성부 하나님은 자신을 알리시려고 자신의 말씀을 보내시듯이, 또한 자신을 사랑하게 하시려고 자신의 성령을 보내신다.

"우리에게 주신 성령으로 말미암아 하나님의 사랑이 우리 마음에 부은 바 됨이니."롬 5:5 하나님의 말씀이 우리 눈을 열어 하나님의 진리를 보게 하는 하나님의 계시이듯이, 또한 하나님의 성령은 우리 마음을 돌려 그 진리를 흠모하게 하는 사랑의 영이시다. 삼위일체 하나님의 생명은 <u>하나님을 아는 것</u>과 <u>사랑하는 것</u> 두 가지 모두를 수반한다. 그래서 그 둘 모두를 소유하지 않고는 우리는 하나님의 생명을 전하지 못한다.

예수님은 대제사장적인 기도에서 아버지께 이렇게 기도하셨다. "내가 아버지의 이름을 그들에게 알게 하였고 또 알게 하리니 이는 <u>나를 사랑하신 사랑</u>이 그들 안에 있고 나도 그들 안에 있게 하려 함이니이다."요 17:26

성자는 성부로부터 오셔서 성령으로 자신의 생명을 우리에게 주신다. 그 생명은 아버지를 아는 생명이요, 아버지께 사랑을 받는 생명이며, 그에 대한 반응으로 아버지를 사랑하는 생명이다. 그분은 단순히 하나님에 대해 알지 않으신다. 그분은 하나님을 아시며 사랑하신다. 또한 하나님을 즐거워하신다.

그것이 하나님의 생명의 실체라면, 우리가 하나님을 경배하며 마음을 다해 그분을 흠모하지 않는 한 우리는 그 생명을 소유한 것이 아니다. 사랑이신 삼위일체 하나님이 참된 사랑의 대상이 되지 않는 곳에는 그분이 참되게 전해질 수 없다. 하나님은 추상적인 지식을 전하거나 열정 없는 도덕 이행을 강요하는 일에는 관심이 없으시다. 그분의 기쁨은 자신의 모든 은혜와 영광 가운데 우리를 만나시고, 그리하여 우리를 그분의 형상대로 다시 새로이 만들기 위해 자신의 생명을 주시는 데 있다.

장 칼뱅은 이에 관해 다음과 같이 말했다. "우리는 하나님을 아는 지식으로 부름받았다. 그 지식은 그저 헛된 공상으로 만족하며 머릿속에 맴도는 지식이 아니다. 우리가 그 지식을 합당하게 이해하고 또한 그 지식이 우리 마음에 뿌리내린다면, 결국 그 지식은 우리에게 건전함과 유익이 된다."[4] 마음에서 우러나며 성령으로 타오르는 흠모함 없이 우리는 진정으로 하나님을 안다고 말할 수 없다. 우리가 참으로 영광스러우신 그 하나님을 사랑함 없이 그분을 진정으로 아는 것은 불가능하다. 요 8:39-47; 갈 5:6

설교자는 청중의 머리와 가슴 모두에 관심을 가져야 한다. 설교자는 듣는 이들로 하여금 하나님의 생명을 얻게 하기 위해 하나님을 아는 지식의 빛을 전한다. 그들이 전하는 하나님을 아는 지식은 하나님의 사랑과 분리할 수 없는 지식이다. 설교는 청중의 마음에 경배를 일으켜야 한다. 어떤 실용주의적인 설교자에게는 이것이 추상적으로 여겨질 수 있으니 분명히 말하고 싶다. 그리스도인을 가장 실제적으로 변화시키는 힘은 철저히 마음에서 우러나오는 예배에서 나온다.

또한 하나님을 향한 사랑은 결국 이웃을 향한 진실한 사랑까지 가능하게 한다. 요일 4:7-21 '예배와 관련된' 십계명의 첫 번째 돌판은 '이웃 사랑과 관련된' 두 번째 돌판의 기초다. 설교가 없으면 예배도 없고,

예배가 없으면 그리스도인의 삶도 없다.

　　그러므로 설교자들이여, 치료하는 광선을 비추는 공의로운 해를 높이 들어 올리라. 그리하여 성도들이 외양간에서 나온 송아지같이 뛰게 하라. 말 4:2

내면을 사로잡아
근본적인 변화로 이끌라

6

오늘날 설교가 이토록 영향력을 잃은 이유가 무엇일까? 결정적인 이유는 설교가 가볍기 때문이다. 설교가 아주 지적이고, 매우 재미있고, 도덕적 열심에 차 있을 경우 언뜻 가벼움과는 거리가 먼 것처럼 보일 수 있다. 하지만 여전히 가볍다. 설교가 가벼운 이유는 그 설교가 문제의 근본, 곧 뿌리에 닿는 데 실패해서다.

바리새인들은 박식하고 독실한 천박함을 보여 주는 전형적인 예다. 그들은 부지런을 떨며 성경을 연구하는 학자답게 율법 중에 가장 크고 첫째가는 계명을 잘 알고 있었다. "너는 마음을 다하고 뜻을 다하고 힘을 다하여 네 하나님 여호와를 사랑하라."신 6:5 그러나 바리새인들은 이 계명의 참된 의미를 전혀 알아차리지 못했다. 주님이 말씀하신 "사랑"과 "마음"이 무엇을 뜻하는지 전혀 파악하지 못했다. 그저 외적인 생활과 바른 행위가 중요하다고만 생각했다. 그랬기에 자신들의 행위를 가꾸는 데만 열심이었다. 겉으로는 이런 행위가 그들을 경건해 보이게 해 주었다.

그러나 예수님은 바리새인들에게 이렇게 말씀하셨다. "외식하는 자들아 이사야가 너희에 관하여 잘 예언하였도다 일렀으되 이 백성이 입술로는 나를 공경하되 마음은 내게서 멀도다."마 15:7-8

바리새인들은 자신들의 문제가 더 깊은 곳에 있음을 보지 못했다. 눈에 드러난 행위보다 그 행위를 불러일으킨 마음의 바람이 문제였다.마 15:18-20 결국 속이 텅 빈 그들의 종교는 겉으로 보여 주기식 종교로 주저앉고 말았다.

오늘날 설교자들도 같은 실수를 되풀이할 수 있다. 우리는 마치 사람들에게 정말 필요한 것은 '더 나은 행위'인 것처럼 설교할 수 있다. 그런데 정말 사람들에게 그런 게 필요하다면 그건 그들이 조금만 애를 쓰면 이룰 수 있는 문제다. 다시 말해, 우리는 죄인이지만 우리는 우리 자신의 문제를 해결할 수 있다는 것이다. 그리고 만일 그렇다면 우리에게는 사실상 구속자가 필요하지 않다. 하지만 이는 우리가 바리새인들처럼 율법의 요구가 더 깊은 데까지 나아간다는 사실을 인식하지 못하여 이르게 되는 잘못된 결론이다.

율법은 우리에게 자기 개선책을 처방해 주지 않는다. 오히려 율법은 너는 "주 너의 하나님을 <u>사랑하라</u>"고 말한다. ^{막 12:30} 즉 율법은 우리 마음의 그 원함을 요구한다.

문제는 우리가 본성적으로 하나님을 원하지 않는다는 것, 그런 마음의 바람은 우리가 임의로 작동시킬 수 있는 무언가가 아니라는 것이다. 우리는 언제든지 우리가 무엇을 할지에 대해서는 자유롭게 선택할 수 있다. 반면에 우리는 우리가 무엇을 원할지를 선택하지는 못한다. 그 대신 우리는 평생 "〔우리〕 욕심에 끌려 미혹되어" 모든 결정을 내린다.

우리 인간은 모든 면에서 우리가 사랑하는 것에 이끌려 움직인다. 그리고 하나님을 사랑하도록 지음받았음에도 불구하고 자신을 사랑하고 하나님 아닌 다른 것을 사랑했다. 이것이 곧 '죄를 낳는' 뿌리

깊은 정욕이다. 약 1:15 인간의 본성은 빛보다 어두움을 더 사랑하고요 3:19 "우리 육체의 욕심을 따라 지내며 육체와 마음의 원하는 것"을 한다. 엡 2:3 자신을 바로잡기 위해 스스로 아무리 노력해도 바꿀 수 없다. 의지력 부족이 아니라 그릇된 것을 갈망하는 마음이 문제이기 때문이다.

우리에게는 근본적인 회복, 곧 마음의 변화가 필요하다. [1]

내면으로부터의 변화

성령이 주시는 변화는 바리새인들이 생각했던 방식과 정확히 반대로 작용한다. 바리새인들은 외적인 개선을 통해 자신의 선함을 만들어 내고자 했다. 밖으로부터의 변화를 바란 것이다. 반면에 성령은 사람을 안에서부터 변화시키신다. 성령은 "하나님과 원수"롬 8:7인 육신의 생각을 품은 이들을 붙들고 돌이키게 하시어, 그들이 기뻐하며 "아빠 아버지!"라

부르짖게 하신다. 15절

다시 말해 성령은 우리가 즐거워하는 것을 바꾸심으로써 우리를 변화시키신다. 그분은 우리의 미각을 바꾸어, 전에 죄를 즐거워하던 우리가 하나님 안에서 더 큰 즐거움을 찾으러 나아오게 하신다. 그러한 변화로써 우리는 이전과 다른 갈망을 갖게 되어 이전과 다르게 행하게 된다.

충실한 기독교 설교를 하려면, 성령이 우리를 어떻게 변화시키시는지를 철저하게 이해하고 있어야 한다. 찰스 스펄전은 학생들에게 이렇게 말했다. "기억하라. 여러분은 무덤들에 회칠하라고 보냄받은 것이 아니라, 그것들을 열라고 보냄을 받은 것이다."[2] 그가 말하고자 했던 건, 만일 우리가 단순히 행동을 고치고자 한다면 결국 우리는 그저 외적으로 도덕적이고 종교적인 위선자들을 만들게 된다는 것이다.

새 언약의 직분, 영의 직분을 맡은 일꾼들로서 고후 3:6 우리의 목적은 반드시 성령이 추구하는 바를 따라야 한다. 우리 설교자들은 사람들의 마음을 개혁하여 그들이 다른 갈망을 갖도록, 곧 그들이 하나님을 사랑하고 하나님을 즐거워하며 하나님을 영광스럽게 여기도록 하기 위해 설교한다.

스펄전은 또 다른 곳에서 이렇게 말했다. "모든 참된 설교의 목적은 마음이다. 우리의 목표는 마음이 죄로부터 이혼해 멀어지고 그리스도와 결혼하게 하는 것이다."[3] 당연히 스펄전 또한 그의 회중에게서 경건한 행위를 보고 싶어 했다. 그러나 그는 더 나은 삶에 대한 요구로는 결코 그런 삶을 이끌어 내지 못한다는 사실을 분명하게 알았다. 진정한 경건함은 더 심오한 문제다. 우리의 어떠함을 형성하는 것은 사랑의 문제다. 존 오웬이 말한 것처럼 "예수 그리스도를 향한 우리의 사랑만큼 우리로 하여금 하나님을 향하게 만드는 건 없다."[4]

만일 진실로 거룩하고 싶다면, 우리의 정서와 갈망이 반드시 그동안 본성적으로 소중하게 여기던 죄로부터 떨어져 그리스도께로 돌이켜야 한다. 그래야만 심술궂은 마음이 평화를 사랑하는 올곧은 마음이 되고, 교만한 자가 겸손해지며, 탐욕스러운 자가 너그러워지고, 속박된 자가 자유해질 것이다.

새로운 정서

《신앙감정론*Religious Affections*》이라는 책에서 조나단 에드워즈는 이를 길게 다루었다. 거기서 그는 이렇게 말한다. "참된 신앙의 요체는 거룩한 정서holy affections에 있다."[5] 그가 말하고자 한 것은 참된 그리스도인이란 단순히 바른 신앙을 고백하고 바른 행동을 하는 사람이 아니라는 것이다. 그들의 심장은 다르게 뛰며, 다르게 갈망하고, 다르게 사랑한다. 에드워즈는 이것이 하나님이 설교자들을 세우신 이유라고 말한다.

> 신적인 일들을 사람의 심령과 정서에 깊이 새기는
> 것은 분명히 하나님이 정하신 하나의 위대하고
> 주요한 목적이다. 하나님은 성경으로 기록된
> 하나님의 말씀이 설교로 드러나고 적용되며
> 사람의 마음에 자리 잡게 하신다. 그러므로 단순히
> 사람들이 성경에 대한 좋은 주석이나 강해서
> 그리고 다른 신학 서적을 갖고 있는 것으로는,

하나님이 이 제도[설교-옮긴이]에 두신 목적을
충족시키지 못한다. 물론 다른 수단 또한 설교와
마찬가지로 사람들에게 하나님의 말씀에 담긴
진리에 대한 양질의 교리적이고 이론적인 이해를
전해 주는 데 기여한다. 그럼에도 불구하고 그런
것들은 사람의 심령과 정서에 신적인 일들을 깊이
새기는 데는 설교만큼의 힘을 갖지 못한다.
하나님은 그분의 말씀의 구체적이고 생생한
적용이 그 말씀을 설교하는 일을 통해 사람들에게
전해지게 하셨다. 그 일을 죄인들을 감화하기에
적절한 도구로 정하신 것이다. 설교는 죄인들에게
경건에 속한 일들이 얼마나 중요한지와, 자신이
죄로 인해 죽을 수밖에 없는 비참한 존재이며
구제책이 반드시 필요하다는 사실, 그리고
하나님이 자신에게 얼마나 영광스럽고도 충분한
해결책을 주셨는지를 깨닫게 한다. 설교는 또한
성도들 안에 정결한 마음을 불러일으키고 그들
안에 있는 정서를 고양시킨다. 설교는 때때로
성도들의 기억에 경건에 속한 위대한 일들을

되새겨 준다. 그들이 이미 그 일들을 알고 그 일들에 충분히 익숙하더라도,벤후 1:12-13 설교는 그 일들을 성도들 앞에 다시 있는 그대로 제시한다. 특별히 그들 안에, 본문에 언급된 저 두 가지 정서 곧 사랑과 기쁨이 자라나게 하는 것이다.[6]

이처럼 설교는 교육이나 해설, 권고를 넘어서는 것이다. 하나님은 설교를 통해 복음에 속한 일들을 "있는 그대로" 사람들 앞에 제시하심으로써 "정서를 고양"시키도록 하셨다.

여기서 우리는 이것이 감정적인 조작이나 감정주의에 빠지는 것과는 전혀 다른 문제임을 명확히 할 필요가 있다. 감정emotions은 중요하지만 여간 변덕스러운 게 아니다. 감정은 혈당 수치와 호르몬에 따라 오르내린다. 격렬한 드럼 비트나 가슴 아린 현악을 연주하면 사람들이 그 순간에 느끼는 감정을 아주 빠르게 바꿀 수 있다.

한편 정서affections는 더 깊고 일정하며, 마음의 기질과 성향을 만든다. 그리스도인에게 있는 그리스도 안에서의 기쁨을 생각해 보라. 그리스도인이 성숙을 이루는 만큼 그 기쁨은 꾸준히 자라야 한다. 자, 그리스도인에게 아무 음식도 주지 않은 채 추운 방에 둬 보라. 여느 사람들처럼 그 역시 무기력해질 것이다. 그렇다고 그에게 있는 그리스도를 향한 애정affections이 흐려지는 것은 아니다. 다만 그가 처한 당장의 상황이 흐린 것이다. 그리스도인이 품은 그리스도를 향한 애정은 그의 감정에도 영향을 주지만 그 두 가지가 서로 같은 건 아니다.

깊은 마음의 변화는 표면적인 감정의 변화와 다르다. 설교자는 마치 흥분을 고조시키는 것이 곧 마음을 변화시키는 것인 양 청중을 자극하려 해서는 안 된다. 설교자가 하는 일은 더 무거운 일이다. 우리는 회중의 마음의 갈망과 가장 깊은 곳에 자리한 사랑이 설교자나 설교자의 말이 아니라 그리스도와 그분의 말씀을 향해 새로 정립되도록 복음의 빛을 비추어 드러낸다.

정서를 향해 설교한다는 건 설교자가 감화를 위해 애쓴다는 의미다. 사람들을 무심한 상태에 머무르게 방치해서는 안 된다. 여기서 많은 설교자가 "말과 지혜의 아름다운 것으로"고전 2:1 나아가지 않았다는 바울의 말을 기억하며 조심한다. 그러나 그 말은 바울이 설득하거나 호소하려 한 적이 결코 없었다는 의미로 한 것이 아니다. 고후 5:11 오히려 바울은 이렇게 설명한다. "내가 너희 중에서 예수 그리스도와 그가 십자가에 못 박히신 것 외에는 아무것도 알지 아니하기로 작정하였음이라."고전 2:2

그는 자신의 말을 다른 목적을 위해 사용하려 하지 않았지만, 사람들 눈앞에 그리스도를 선명하게 드러내기 위한 목적을 위해서는갈 3:1 신중하게 그 말에 맛을 내고자 했다.

하나님이 그러하시듯이, 설교자들은 그리스도를 높이 올리고, 듣는 이들을 설득하여 권하고, 사람들의 생각과 갈망을 사로잡기 위해 자신들의 말을 사용해야 한다. 따분함은 결코 마음을 사로잡으시는 우리 구주의 아름다우심을 표현하지 못한다. 우리는 J. C. 라일이 말한 것처럼, 청중의 귀를 눈으로 바꾸어 우리가 말하는 실체를 선명하게 볼 수 있게 해야 한다.[7] 그들이 변화되는 건 하나님의 영광을 봄으로써 일어나는 일이기 때문이다.

복음에 눈뜨게 하라,
복음만이 마음을
움직이나니

7
_____

설교자가 회중에게 안에서부터 변화시키시는 성령의 뜻을 전하려면, 성령이 어떻게 마음을 변화시키시는지를 알아야 한다. 어떤 의미에서 그 답은 매우 쉬울 수 있다.

성령은 복음을 사용하신다.

"복음은 …… 구원을 주시는 하나님의 능력"이기 때문이다. 롬 1:16 복음에는, '모든 사람에게 구원을 주시는 하나님의 은혜가 나타나 우리를 양육하시되 경건하지 않은 것과 이 세상 정욕을 다 버리고 신중함과 의로움과 경건함으로 이 세상에 살게' 하신다. 딛 2:11-12 그러나 이런 말씀이 설교자에게 어떤 의미를 갖는지는 지나치기 쉽다.

우리는 성경에서 명령율법과 약속복음을 듣는다. 이런 말씀들을 효과적으로 전하기 위해 우리 설교자들은 명령과 약속이 각각 어떻게 작용하는지를 알아야 한다. 청교도 설교자 윌리엄 퍼킨스는 이렇게 말했다.

> 적용을 위한 기본적인 원리는 그 본문 말씀이
> 율법을 말하는지 복음을 말하는지를 아는 데 있다.
> 하나님의 말씀이 선포될 때 율법과 복음은 다르게
> 작동한다. 율법은 죄로 말미암은 질병을 드러내는
> 동시에 그 부작용으로서 죄를 자극하고 휘저어
> 놓기까지 한다. 하지만 율법은 그에 대한 치료법을
> 내놓지는 못한다. 그러나 복음은 우리에게 해야 할
> 일을 말할 뿐만 아니라, 복음에는 성령의 능력이
> 있다.[1]

율법은 선하고 유익하다. 율법은 우리에게 반드시 복음이 필요하다는 사실을 일깨운다. 우리가 얼마나 결핍된 존재인지를 보여 준다. 또 율법은 우리에게 거룩함이 무엇인지도 보여 준다. 그리스도인이 성숙함에 이를수록 어떻게 하면 더 경건하게 살 수 있을지 알고 싶은 마음이 점점 커지게 된다. 그러나 율법은 사람의 마음을 변화시키거나 변화하고 싶은 갈망을 만들어 내지는 못한다.

오직 예수 그리스도의 복음만이 근본적인 영적 변화를 가져오게 하는 힘이 있다. 우리 마음을 변화시켜 우리로 하여금 그리스도처럼 행하고 싶게 하는 건 다름 아닌 복음이다. 예수님이 말씀하신 것처럼 그분을 사랑하는 사람은 그분 말씀을 지킨다. 요 14:23

좋은 부모는 자녀를 키우는 데 명령과 약속이 둘 다 중요하다는 걸 안다. 어린 자녀들은 세상에 자기가 할 수 없는 일들이 존재한다는 사실을 들어야 한다. "도로 가까이에서는 뛰지 마!", "형을 깨물면 안 돼!" 같은 명령들은 자녀들을 안전하게 지키는 데 도움이 된다. 그리고 자녀들은 이런 명령들을 통해 어떤 행동이 적절하거나 부적절한지도 알아가게 된다. 그러나 이 명령은 행동을 제한하는 울타리 역할을 할 뿐 사실상 마음에는 아무 일도 하지 못한다. 자녀들이 튼튼하게 자라려면 마찬가지로 약속도 필요하다. 자녀들은 자신이 사랑받고 있음을 분명히 알아야 한다.

이와 동일하게, 그리스도인에게 율법은 분명

쓸모가 있지만, 율법은 자신이 명령하는 바를 실현시키지는 못한다. 율법은 결코 누군가로 하여금 마음 다해 온전히 하나님을 사랑하게 하지 못한다.

'보는 것'으로부터 오는 생명

요한복음 3장에서 예수님은 성령이 어떻게 마음을 변화시키시는지 설명해 주신다. 예수님은 니고데모에게 반드시 성령으로 거듭나야 한다고 말씀하신다.1-8절 몹시 당황한 니고데모는 이렇게 여쭙는다. "어찌 그러한 일이 있을 수 있나이까." 이에 예수님은 "너는 이스라엘의 선생으로서 이러한 것들을 알지 못하느냐" 하고 답하신다.9-10절 니고데모는 예수님이 어떤 말씀을 하시는지 이해했어야 했다. 예수님은 이미 니고데모가 알고 있던 새 언약에 대한 성경의 약속을 말씀하고 계셨기 때문이다.

또 새 영을 너희 속에 두고 새 마음을 너희에게

주되 너희 육신에서 굳은 마음을 제거하고
부드러운 마음을 줄 것이며 또 내 영을 너희 속에
두어 너희로 내 율례를 행하게 하리니 너희가
내 규례를 지켜 행할지라.

❖ 에스겔 36장 26-27절

하지만 니고데모는 이해하지 못했다. 그래서
예수님은 곧바로 구속에 대한 말씀을 이어 가신다.

모세가 광야에서 뱀을 든 것같이 인자도 들려야
하리니 이는 그를 믿는 자마다 영생을 얻게 하려
하심이니라 하나님이 세상을 이처럼 사랑하사
독생자를 주셨으니 이는 그를 믿는 자마다
멸망하지 않고 영생을 얻게 하려 하심이라.

❖ 요한복음 3장 14-16절

돌 같은 마음을 녹이고 새롭게 하는 건 바로 이
복음이다. 정서를 새로 다지는 건 성부 하나님의 사
랑을 입증하는 십자가에 들리신 인자의 모습이다.

거기서 우리는 그분이 감당하시는 우리 죄의 무게를 본다. 거기서 자기 의에 대한 우리의 무모한 기대가 죽게 된다. 그리고 거기서 우리는 하나님 마음에 있는 '우리가 바랄 수 있는 수준을 넘어선' 사랑을 본다. 전에 하나님을 무서운 심판자로 여기며 두려워하고 도리어 죄를 기뻐하던 우리는 십자가에서 전혀 예기치 못한 하나님의 선하심과 친절하심을 본다.

그 십자가를 볼 때 우리는 마침내 설복된다. 이제 우리는 하나님을 피하지 않고 도리어 그분의 아버지 사랑을 보며, 그로 인해 그분을 향한 우리 마음이 사랑으로 끓어오르는 것을 발견하게 된다. 우리가 사랑함은 그가 먼저 우리를 사랑하셨기 때문이다. 요일 4:19 우리를 기쁘게 하던 죄는 혐오스러워지고, 우리가 겁내던 하나님은 넋을 잃을 만큼 사랑스러워진다.

처음에 우리는 우리의 용서와 구속을 전하는 복음으로 인해 그저 감사하게 된다. 하지만 하나님의 은혜는 우리를 그 선물로부터 이끌어 선물을 주신 분께로 향하게 한다. 그 은혜는 우리를 이끌어, 하나님이 우리를 위해 하신 일에 놀라는 차원에서 하나님 안에서 하나님이 어떤 분이신지 놀라는 차원으로 나아가게 한다. 용서받은 자들은 스스로를 계시하시는 그 하나님이 얼마나 친절하고 자비로우신지를 충분히 이해하기 시작할 때, 마치 누가복음 7장의 죄를 지은 한 여자처럼 많이 <u>감사</u>할 뿐만 아니라 많이 <u>사랑</u>하게 된다. 눅 7:47

반대로 율법에는 그런 효과가 없다. 죄인들은 본성적으로 자기 죄를 사랑하기에 우리는 단순히 사람들에게 죄에서 빠져나오라고 명령할 수 없다. 그런 요구가 행위에 만족할 만한 변화를 가져올 수는 있다. 하지만 사람들의 사랑의 대상이 바뀌지 않는 한 그런 식의 선한 행위는 그저 자기 신뢰와 자기 의로 말미암은 결과에 불과하다. 오직 하나님의 은혜와 그리스도의 구속의 복음만이 죄로부터 멀어져 그리스도께로 향하는 애정affections을 줄 수 있다.

존 번연이 말한 것도 그와 같다. "하늘에도 땅에도 하나님의 은혜만큼 심령을 경외하게 하는 것은 없다. 그 무엇도 하나님의 은혜가 사람의 아들들의 심령 안에 그리고 그 심령을 향해 나타내는 것만큼 하나님의 장엄함과 위엄 있는 위대함을 나타내지 못한다."[2] 왜 그런가? 성령은 우리 눈을 열어 하나님의 사랑스러우심을 보게 하는 일을 복음을 통해 하시기 때문이다. 오직 우리는 복음 안에서 그분의 긍휼과 친절하심을 볼 때 하나님께로 이끌리게 된다.

이것이 종교개혁 당시 마르틴 루터가 복음에서 발견한 핵심적인 내용이다. 루터는 이를 다음과 같이 설명했다.

> 만일 내가 하나님이 나를 용납하시며 친절하게
> 대하기 원하신다고 생각하지 않았다면, 나는
> 하나님에 대한 믿음을 갖지 못했을 것이다. 이것이
> 결국 나로 하여금 하나님을 향한 다정한 마음을
> 갖게 만들고, 온 마음을 다해 그분을 신뢰하게
> 하며, 그분께 모든 좋은 것을 바라게 한다. ……
> 여기를 보라! 이것이 당신의 마음에 그리스도가
> 자라나게 하는 방법이다. …… 믿음은 반드시
> 그리스도의 피와 상처와 죽음으로부터 솟아나와

흘러가게 된다. 만일 당신이 그 피와 상처와 죽음 안에서 하나님이 당신을 다정하게 대하시며 심지어 자기 아들을 당신을 위해 주셨다는 사실을 본다면, 반드시 당신의 마음에 하나님의 달콤한 향기가 퍼지면서 하나님께로 향하게 될 것이다. …… [성경에서] 우리는 어느 누구에게도 그 사람이 행한 일로 인해 성령이 임하셨다는 내용을 발견할 수 없다. 다만 성령은 사람들이 그리스도의 복음과 하나님의 자비하심을 들을 때 임하신다. [3]

마음에 그리스도가 자라나게 하는 설교

만일 죄를 사랑하던 심령을 돌이켜 하나님을 사랑하게 하는 것이 은혜로우신 구속주 그리스도의 복음이라면, 오직 이 복음뿐이라면, 우리의 모든 설교에 이 복음의 메시지가 충만해야 할 것이다. 우리는 '복음 전도적인 설교'와 '제자도를 위한 설교'를 딱 구분할 수 없다. 복음은 성령이 영혼을 돌이키시는 일과 또 그 영혼의 믿음을 굳게 세우시는 일 모두에 사용하시는 수단이기 때문이다.

성령은 복음을 단순히 우리를 한번 거듭나게 하실 때에 사용하시고, 그 뒤에는 순수한 자기 노력으로 우리의 성화를 이루기 위해 힘쓰도록 내버려 두시지 않는다. 우리 심령에 가장 깊은 쟁기질을 하는 것은 항상 복음이다. 존 오웬이 말한 것처럼, 참으로 "거룩함은 우리 영혼에 복음이 심기고 기록되고 깨달아지는 것 외에 다른 무엇이 아니다."[4]

이 복음 없이는 심지어 성숙한 그리스도인까지도 그들이 품은 하나님을 향한 사랑보다 더 무겁게 잡아당기는 죄의 힘을 매일 느끼며 살고 말 것이다. 하나님의 친절하심에 대한 메시지가 들리는 곳 바깥에서는 그들도 죄책과 두려움 탓에 하나님에게서 슬금슬금 멀어지게 될 것이다.

설교자들이여, 심령들을 하나님께로 돌이키게 하려면, 여러분은 사람들의 마음을 얻기 위해 하나님의 능력으로 <u>항상</u> 한 가지 메시지를 심령들에게 주어야 한다. 그 메시지가 꼭 간단명료할 것까지는 없다. 때때로 우리가 다루는 성경 본문이 다 율법일 수도 있기 때문이다. 설교자가 그 본문들을 설교하는 것은 영혼에 유익하다. 율법은 우리에게 죄를 자각하게 하고, 길을 안내하며, 하나님의 거룩하심을 보여 주기 때문이다. 그러나 율법은 심령을 변화시키지는 못한다.

그래서 우리가 다루는 본문 내용이 전부 율법일 때 우리는 그 본문을 복음을 가르치는 <u>더 넓은 성경의 맥락 안에서</u> 설교해야 한다. 그렇게 할 때 회중은 자기들의 무덤에 회칠하지 않고 온전하게 그들의 하나님을 사랑하며 살 수 있다.

사람들에게 그리스도의 순전한 아름다움을 드러내 보여 주라. 그들을 매료시킨 다른 어떤 우상과도 비교할 수 없을 만큼 선하고 사랑스러우신 그리스도를 보여 주라. 그들의 눈을 열어 주고 복음으로 그들의 마음을 얻으라.

그리스도를
닮지 않은 설교자,
그분의 대사일 수 없다

8

예수 그리스도는 단순히 설교자들이 다루는 주제가 아니시다. 그분은 설교자들이 따라야 할 본이시다. 우리는 그 본을 따라 그분을 어떻게 전해야 할지를 배워야 한다. 간단하게 말해, 설교자들이 그리스도의 영광의 풍성한 빛 안에서 그분을 신실하게 전하고자 한다면, 반드시 그분처럼 하나님을 기뻐하고, 우리가 말씀을 전하는 죄인들을 사랑해야 한다.

그것이 바울이 디모데에게 다음과 같이 말한 이유다. "네가 네 자신과 가르침을 살펴."딤전 4:16 같은 이유로 바울은 에베소 장로들에게도 다음과 같이 말했다. "여러분은 〔첫째〕 자기를 위하여 또는 〔둘째〕 온 양 떼를 위하여 삼가라."행 20:28 스코틀랜드의 설교자 제임스 스튜어트가 이렇게 말한 것도 같은 이유에서다. "영적 생활이 설교자를 만든다."[1]

설교자가 의도하지 않더라도 무엇이든 자신이 진정으로 사랑하며 기뻐하는 것의 향기를 풍기게 된다. 회중 역시 의도하지 않더라도 설교자에게서 그리스도의 성품을 읽게 된다. 그러니 영적 내실이 탄탄하지 않은 설교자도 얼마든지 그리스도에 대해 말할 수는 있고, 심지어 그의 말이 달변일 수도 있지만 그럴 때 회중이 느끼는 건 설교자의 자아나 사랑 없음이며, 남는 건 실망뿐이다. 그리고 나서 그들은 이런 느낌을 그 설교자가 전하는 그리스도와 연관시켜 생각하게 된다. 이런 점에서 그리스도의 대사는 그가 전하는 메시지에서 분리될 수 없다. 좋은 쪽으로든 나쁜 쪽으로든, 설교자의 심장은 그 자체로서 하나의 설교다.

실제로 우리는 복음을 우리 자신이 경험한 것보다 더 좋은 것으로 전할 수 없다. 누구든 성경의 어떤 진리를 무심하게 읽어 내려갈 수는 있다. 하지만 우리는 자신이 맛본 것 이상으로 다른 이들로 하여금 하나님을 두려워하고, 사랑하고, 기뻐하게 할 수는 없다. 그래서 리처드 백스터도 이렇게 경고했다.

여러분은 여러분이 다른 이들에게 제시하는

'하나님의 구원하시는 은혜'가 정작 여러분 자신에게는 무효하게 되거나, 여러분이 설교하는 '복음의 효력 있는 사역'에서 여러분 자신이 배제되지 않도록 스스로 주의해야 한다. 또한 여러분 입으로 세상에 구주의 필요성을 선포하면서도 마음으로는 그분을 무시하지 않도록 주의해야 한다. [2]

설교자들은 설교 이상을 준비해야 한다. 우리는 기도하며 자신을 준비해야 한다. 이것이 신실한 설교에 요구되는 더 깊고 장기적인 준비다. 그런 뒤에야 하나님의 말씀을 전달하기에 적합한 어조를 찾아 그 말씀을 하나님이 뜻하신 향기를 풍기며 전하게 될 것이다. 그리스도를 닮지 않고서는 그리스도를 대신하는 그분의 진정한 대사가 될 수 없다.

경건한 스코틀랜드인이었던 로버트 머리 맥체인은 이렇게 말했다. "예수님을 닮는 것만큼 하나님이 축복하시는 큰 재능은 없다. 거룩한 사역자는 하나님의 손안에 있는 무시무시한 무기다." [3]

그리스도를 본받아 설교한다는 것

설교에는 반드시 그리스도를 닮아야 할 두 가지 측면이 있다. 그리스도께서 성부를 사랑하시고 죄인들 또한 사랑하신 것처럼 그리스도의 신실한 설교자들 또한 그리해야 한다. 즉 하나님을 사랑하고 사람들을 사랑해야 한다.

하나님 사랑하기

참으로 그리스도를 닮은 설교가 다른 설교와 구별되는 첫 번째 특징은 그 설교가 설교자나 청중, 다른 사람이나 무엇이 아닌 하나님을 영화롭게 한다는 것이다. 그런 설교는 주 안에서 그리고 우리 주 예수 그리스도의 십자가 안에서 자랑한다. 고전 1:31; 갈 6:14 그런 설교는 마치 세례 요한처럼 "그는 흥하여야 하겠고 나는 쇠하여야 하리라"라고 말하며 정확히 하나님의 어린양을 가리킨다. 요 3:30 어떤 설교자도 두 주인을 섬길 수 없다. 우리의 설교는 하나님의 영광을 알리는 나팔이거나, 우리 자신의 영광을 알리는 나팔이다.

하나님의 영광을 목적으로 삼은 설교, 곧 그리
스도를 닮은 설교에 뒤따르는 몇 가지 명백한 효과
가 있다. 그 첫 번째는 좀 의외일 수 있는데, 그리스
도를 크게 보는 것이 설교에서 설교자의 고유한 목
소리를 갖게 되는 데 실제적으로 기여한다는 것이
다. 그렇지 못할 경우 우리는 우리가 동경하는 인간
설교자들을 피상적으로 흉내 낼 위험이 있다. 그러
나 우리에게 우리의 다른 인간 영웅보다 그리스도께
서 더 크게 보일 때, 우리는 우리 마음에서 넘쳐 나는
것들을 말하게 된다.

두 번째, 하나님의 영광을 향한 열심은 우리로
하여금 권위와 겸손이 초자연적으로 조화를 이룬 설
교를 할 수 있게 한다. 가장 나이 어린 설교자라도 가
장 나이 많은 성도에게 권위를 가지고 설교할 수 있
다. 그러나 이는 하나님의 말씀의 권위다. 설교자는
하나님의 말씀을 확신에 차서 설교할 수 있다. 마치
순전히 설교자 자신의 의견을 나누는 것처럼 머뭇거
리거나 망설일 필요가 전혀 없다. 우리의 관점이 하

나님의 영광으로 형성될 때 우리는 다른 이들의 의견에 지나치게 동요하지 않게 된다. 그리하여 우리는 담대하게 하나님의 말씀을 설교할 수 있다.

이와 동시에, 하나님의 영광을 갈망하는 설교자라면 아무리 설교 경험이 많은 이라도 겸손하게 설교하게 될 것이다. 우리 설교자들의 기쁨은 우리 자신이 아니라 하나님 안에 있기 때문이다. 더욱이 그 높고 귀한 영광 가운데 계신 하나님을 본 사람은 이렇게 부르짖을 수밖에 없다. "화로다 나여 망하게 되었도다 나는 입술이 부정한 사람이요."사 6:5

세 번째, 마음에서 우러나는 하나님을 향한 사랑은 우리 안에 있는 모든 그럴듯한 거짓됨을 깨뜨린다. 하나님의 전을 사모하는 열심이 예수님을 삼킨 것처럼요 2:17 우리가 그리스도를 참으로 보배롭게 여길 때 우리는 사람들도 그릇된 동기로 대하지 않게 될 것이다. 또 사람들의 인정과 칭찬을 받으려고 광대처럼 행동하거나 사람들 눈치를 보느라 전해야 할 말을 조절할 필요가 없을 것이다.

그렇다고 따분하게 전하라는 건 결코 아니다.

따분함이 어떻게 그리스도의 아름다우심을 드러낼 수 있겠는가? 다만 우리는 우리 구주의 은혜와 사랑스러움으로 말미암아 그분을 높여 드리려는 우리의 목적에 신이 나서 진정으로 또 마음 다해 임하게 될 것이다.

참되고 권위 있고 겸손하며 진심 어린 설교처럼 사람들의 마음을 이끌어 하나님을 기뻐하도록 하는 것은 없다. 자아가 강한 설교자는 그런 일을 할 수 없다. 되레 하나님의 영광을 가로채려 들 뿐이다. 또한 자아에 찬 말들로는 겸손한 백성을 낳을 수 없다. 제임스 데니가 다음과 같이 말한 것처럼 말이다. "어떤 사람도 자신이 똑똑하다는 인상과 그리스도께서 능하신 구주시라는 인상을 함께 남길 수 없다."[4]

우리가 우리 설교를 듣는 회중에게 바라는 모습 그대로, 우리 역시 똑같이 하나님께 '헌신'하고 '기도'하면서 설교를 준비하고 전해야 한다. 기도 없는 설교는 곧 사랑 없는 설교다. 그런 설교는 마치 하나님이 계시지 않거나, 현실적이지 않거나, 귀하지 않다는 듯 여기는 하나님에 대한 저급한 견해를 드러

내게 된다. 그런 설교는 필연적으로 하나님을 지적인 유희 거리 내지는 진부한 연구 대상으로 취급하는 인상을 남기게 된다.

이와 대조적으로, 하나님을 경배하는 설교자들은 무릎을 꿇게 되고, 자신의 영적 냉담함을 지각하는 이들은 하나님의 아름다우심에 대한 감각이 회복되기를 구하며 부르짖지 않을 수 없게 된다.

또한 하나님께 헌신된 설교를 하려면 설교자가 하나님의 영광을 생생하게 인식해야 한다. 아이러니하게도 그리고 어떤 의미에서는 놀랍게도, 이는 사역자로 사는 이들에게 쉽지 않은 일이다. 영적인 일들에 익숙해져 우리는 쉽게 기계적인 직업의식에 빠져들 수 있다. 계속되는 분주한 상황 속에서 수많은 서류와 일정에 치이면서 메마를 수 있는 것이다.

그리하여 우리 설교자들은 각자 자신의 건강과 목양하는 이들의 건강을 위해, 깊은 생명수 우물에 머무는 일에 우리의 시간을 우선적으로 할애해야 한다. 설교자는 자신의 마음과 영혼부터 먼저 먹여야 한다. 사역자로서 살려면 반드시 지속적으로 영적 침체와 싸워야 한다. 모든 하나님의 말씀을 연구하고, 하나님을 향한 우리의 사모함과 지식을 고양시키는 양질의 신학 서적들을 연구해야 한다.

사람들 사랑하기

사람들은 죄인들의 친구이신 주님에 관해 이렇게 말했다. "보라 그를 얼마나 사랑하셨는가."요 11:36 부자 청년을 바라보시는 주님의 시선은 사랑으로 가득했다. 막 10:21 주님은 세상에 있는 자기 사람들을 사랑하시되 끝까지 사랑하셨다. 요 13:1

만일 우리가 그리스도처럼 설교하려 한다면, 우리는 우리가 섬겨야 할 이들을 그리스도처럼 다정하게 보살피며 사랑해야 한다. 우리가 그렇게 할 때 비로소 우리 말에 거룩한 향기가 덧입혀지고 영혼을 변화시키는 힘이 더해지리라. 그런 의미에서 찰스 스펄전은 그의 학생들에게 이렇게 말했다.

우리가 모든 설교자와 이야기를 나눌 수 있는 것은 아니지만, 몇몇 설교자와는 한 시간쯤 대화를 나눌

기회를 얻습니다. 저는 서로 우정을 나누길 원하는
얼굴로 저를 반겨 주는 사역자를 좋아합니다.
사람에 대한 다정함이 없는 사람은 장의사가 되어
죽은 사람을 장사葬事하는 편이 더 낫습니다. 그런
사람은 살아 있는 사람을 감화하는 일에서는
결코 성공을 거둘 수 없기 때문입니다. …… 어떤
사람이 크고 사랑하는 마음을 가질 때 사람들은
피난처로 향하는 배들처럼 그에게로 가서 그의
친근함의 그늘 아래 닻을 내리고 평안을 느낍니다.
그런 사람은 공적으로도 사적으로도 친절합니다.
그의 피는 차갑거나 탁하지 않습니다. 오히려
그는 여러분의 거실 난롯가처럼 따스합니다.
그에게는 그에게 다가가는 여러분의 마음을 식게
할 만한 오만함이나 이기심이 없습니다. 그의 문은
여러분을 맞이하기 위해 활짝 열려 있어, 그와
함께하는 순간 여러분에게는 집 같은 편안함이
찾아옵니다. 나는 여러분이, 여러분 모두가 다
그러한 사람이 되기를 권합니다.[5]

사람들은 자신들의 설교자가 친절하고 자신들을 진심으로 사랑한다는 걸 알게 될 때 마음 문을 활짝 열게 된다. 아주 많은 이들에게 설교자는 마치 다른 행성에 사는 외계 생물체처럼 보인다. 사랑은 그 허다한 장애물을 치우고 설교자를 자기와 같은 사람으로 보이게 해 준다. 많은 이가 죄책감과 수치심 때문에 설교자가 자신을 적대한다고 여겨 방어벽을 높이 치게 된다. 그런데 학식과 웅변으로는 그런 방어벽을 없앨 수 없다. 연출된 '진정성' 같은, 사랑을 대신한 사탕발림도 마찬가지다.

오직 <u>사랑</u>이 그 일을 한다. 인간의 근본적인 죄성 같은 단단한 진리조차, 회중을 정말 아낀다고 느껴지는 설교자가 전하면 사람들이 더 쉽게 받아들인다.

여기서 사랑이란 우리의 설교로 우리 자신이 아닌 회중을 섬기는 것이다. 쉽게 이해할 수 있는 말들로 자신의 모든 지혜를 전하신 그리스도처럼, 우리는 우리의 유식함을 내세우지 않도록 주의해야 한다. 어떤 실제적인 지혜를 제쳐 둬야 한다는 게 아니다. 그저 우리는 모든 지혜를 우리 자아가 아닌 회중을 섬기기 위해 써야 한다는 것이다.

우리의 목표는 명석함이 아니라 명료함에 있어야 한다. 마땅히 깊어야 하고, 천박하지 않아야 한다. 그러면서 또한 명료해야 한다. 이 세상의 신은 사람들이 복음의 광채를 보지 못하게 한다. 우리 설교자들은 그 편에 서지 말아야 한다.

또한 사랑이란 긍휼히 여기는 것이다. 사랑은 즐거워하는 자들과 함께 진정으로 즐거워하고 우는 자들과 함께 우는 것이다. 사랑은 거만하거나 판단하는 태도를 취하지 않고, 도리어 환대하며, 연약한 자들을 세우고 품어 준다. 롬 12-15장 우리는 이런 사랑을 예수님에게서 본다. 그분의 사랑은 항상 진심이었고 한없이 부드러웠다. "무리를 보시고 불쌍히 여기시니 이는 그들이 목자 없는 양과 같이 고생하며 기진함이라." 마 9:36 그분은 자비로운 대제사장으로서 "우리의 연약함을 동정"하시며 "무식하고 미혹된 자를 능히 용납할 수" 있다. 히 4:15; 5:2

그리스도를 닮은 설교자들은 '상한 갈대를 꺾지 아니하며 꺼져 가는 심지를 끄지 아니하시는' 그

긍휼한 마음을 품는다. 마 12:20 '긍휼이 여기는 마음'
은 '무기력함'이 아니다. 그리스도께서는 결코 망설
이거나 주저하지 않으시는 대담한 설교자셨다. 그러
면서도 그분은 거칠거나 고압적이지 않으셨다. 오히
려 한없이 친절하고 부드럽고 자비로우셨다. 그러니
마땅히 그분의 대사들도 그래야 한다.

그런 인자함은 무한한 호소력이 있지만, 사실
우리 인간에게는 본성적으로 그런 친절함이 없다.
이는 일부 사람들이 타고나는 기질로서의 장점이 아
니다. "사랑과 희락과 화평과 오래 참음과 자비와 양
선과 충성과 온유와 절제"는 어디까지나 성령의 열
매다. 갈 5:22-23 그러므로 우리는 성령에 발맞추어 행
하며, 우리가 섬기는 이들을 위해 기도해야 한다. 사
람들을 위한 개인적인 중보기도는 그들에 대한 사랑
을 키우는 강력한 방법이다. 사람들을 마음에 품지
않은 채 그들을 마음으로 지지하며 섬기기는 어렵기
때문이다.

과연 누가 하나님의 말씀 자체이신 그리스도처
럼, 곧 완벽하게 하나님을 사랑하고 이웃을 사랑하

시는 그분처럼 설교하기에 충분한 자라고 하겠는가?
우리 자신으로서는 아무도 그렇게 할 수 없다. 다만
이것은 그저 우리를 그분께로 던지는 일이다. 우리
는 쇠하게 되고, 그분은 흥하게 되는 일이다.

　사랑하는 설교자들이여, 그리스도처럼 설교하
고자 한다면 하나님을 사랑하고 여러분의 사람들을
사랑하며, 시편 기자를 따라서 이렇게 말하라.

　여호와여 영광을 우리에게 돌리지 마옵소서
　우리에게 돌리지 마옵소서 오직 주는 인자하시고
　진실하시므로 주의 이름에만 영광을 돌리소서.
　❖ 시편 115편 1절

설교와 설교자의
중심과 방향을
점검하는 시간

◇ 이 짧은 질문지는 여러분이 읽은 책 내용을 다른 이들과 서로 나누며, 더 충분히 적용할 수 있도록 돕기 위한 것입니다. 여러분이 이 책이 말하는 하나님 중심적인 설교에 대한 비전과, 그것이 교회의 미래에 막대한 중요성을 갖는다는 사실을 기억하기를 진심으로 바랍니다.

어떤 이에게는 이 책이 설교를 완전히 새로운 시각으로 볼 수 있게 해 줄 것이고, 또 어떤 이에게는 이미 알고 있지만 확신을 가지고 잘 표현하고 설명하기 어려웠던 진리를 명확하게 말해 줄 것입니다. 또 다른 이에게는 이 책이 오랫동안 여러분 마음에 품어 왔고, 나아가 친구들이나 동료들과 함께 나누며 공유하고 싶었던 성경적인 설교관에 대한 훌륭한 증언이 될 것입니다.

여러분이 어느 부류에 속하든, 혹은 지금 언급한 그 어떤 부류에도 속하지 않든, 여러분의 마음이 이 책이 말하는 하나님 중심적인 설교에 대한 비전에 사로잡혀, 그 비전이 앞으로 수십 년간 이어질 여러분의 기도와 설교 준비, 나아가 설교 행위를 돕는 것이 유니언출판사가 품은 소망이자 기도입니다. 전 세계 곳곳에 있는 모든 교회에 개혁의 물결이 일어나길 간절히 바랍니다.

다음과 같은 장소나 시간에 활용해 보세요.

- 대학교
- 수련회
- 차세대 지도자 훈련 및 인턴십 과정
- 동아리
- 워크숍
- 안식 휴가
- 개인적인 준비와 묵상

이렇게 활용해 보세요.

- 읽기
- 토의
- 적용
- 기도

1. "우리는 설교의 본질에 대한 진정한 이해가 매우 부
   족하다. 설교는 영업인가? 강의인가? 단지 가르침의
   시간인가? 금세 또 다른 질문도 떠오른다. 강해 설교
   란 무엇인가?"

   —

   여러분 또는 다른 사람들의 경험에 비추어 조쉬 무디의 말을
   생각해 봅시다. 여러분이 읽거나 들었던 설교에 대한 그릇된
   개념 중 가장 흔한 내용은 무엇인가요? 여러분은 일반적으로
   설교를 어떻게 정의하나요?

2. "영적 기근이 만연한 이 시대, 교회는 생명을 주고 빛
   을 비춰 주는 하나님의 말씀을 그리스도 중심적으로
   선포하는 일에 지성과 열성과 정성을 쏟는 설교자가
   절실하게 필요하다."

   —

   조엘 R. 비키의 지적은 오늘날 교회가 지닌 문제의 긴박성과
   함께, 그 문제 해결을 위한 실마리를 어디서 찾아야 하는지를
   보여 줍니다. 오늘날 설교와 교회의 문제가 무엇이며, 그 해
   결책이 무엇이라고 생각하나요? 여러분의 관점과 여러분의
   말로 표현해 보세요.

3. "이 책은 설교자와 회중 가릴 것 없이 우리 가운데 너
   무 많은 이가 놓치고 있는 설교의 비전을 제시하는
   시기적절한 책이다. 읽고 되새기고 배워 자기 것으
   로 만들라."

   —

   데이비드 존스턴의 말에 공감하나요? 만일 그렇다면 어떻게
   다른 이들도 이러한 비전을 보게 할 수 있을까요? 여러분에
   게는 이 책의 어떤 장이나 어떤 내용이 하나님 중심적인 설교
   에 대한 가장 중대한 설명인 것 같나요?

4. "이 책을 읽으면서 여러분의 마음이 말씀을 전하는
   이 영광스러운 소명에 대한 더 큰 감격으로 벅차오
   를 것이다."

   —

   스티븐 J. 로슨의 생각에 동의하나요? 만일 그렇다면, 여러분
   이 받은 그 힘과 도전을 나누고 권할 수 있는 다른 누군가가
   주변에 있는지 생각해 보세요.

1. 설교자 하나님, 그분의 생명을 나누는 일로 부르시다

1. 하나님이 설교자시라는 사실은 우리의 설교 사역의 목적과 중요성을 이해하는 데 어떤 영향을 미치나요? 하나님이 설교자시라는 사실이 오늘날 설교자로서 우리가 맡은 역할에 지니는 의미는 무엇일까요?

2. 교회가 하나님의 말씀으로 창조되었다는 사실은 오늘날 설교 관행에, 예배와 가르침에 임하는 우리의 태도에 어떻게 적용되어야 할까요?

3. 설교의 변화시키는 능력과 관련해 종교개혁에서 어떤 교훈을 얻을 수 있을까요? 성경적 설교라는 초점은 이 시대의 영적 도전들에 어떻게 응전하고, 교회 개혁에 이바지할 수 있을까요?

2. 설교 현장, 온 회중이 '하나님'을 대면하는 자리

1. 저자는 하나님의 말씀으로서의 성경이 그리스도의 말씀으로서의 성경과 동일한 목적을 갖는다는 주장을 어떤 방식으로 펼치나요? 이 두 가지는 어떻게 긴밀하게 연결되어 있나요?

2. 설교의 주목적은 무엇인가요? 가르침과 설교는 어떤 점에서 구별되나요? 이를 오해할 때, 설교는 어떤 식으로 회중을 하나님과의 관계보다 지식에 관심을 갖는 위험으로 내모나요?

3. 하나님의 말씀을 설교하는 일은 어떻게 지식의 전달을 넘어 교회에 모인 영혼들의 삶을 변화시키는 역할을 감당해야 할까요?

3. 내가 빛이 되어 비추려는 부담을 내려놓고

1. 저자는 다른 종교의 경전 또한 성경과 비슷한 주장을 할 수 있다는 반론에 대해 성경이 하나님으로부터 말미암은 말씀이라는 주장을 어떻게 펼치나요?

2. 설교자 자신은 그 빛이 아니지만 그 빛을 받들기 위해 존재한다는 관점은 설교자가 자신의 역할과 책임을 이해하는 데 어떤 영향을 미칠까요? 하나님의 말씀은 어떻게 스스로 그 신적 기원을 증명하나요?

3. 장 칼뱅은 변증적인 논의가 유용한 도구가 될 수 있음에도 불구하고 참된 믿음은 항상 하나님의 말씀이라는 기초 위에 세워져야 한다고 말했습니다. 어떻게 하면 설교자들은 믿음이 궁극적으로 하나님의 말씀 자체에 기초한다고 확실히 하면서 성경에 대한 설득력 있는 논증을 펼칠 수 있을까요?

4. 그리스도를 생생하게 보여 주려면

1. 이번 장은 그리스도를 설교하는 것의 중요성을 강조합니다. "선생이여, 우리가 예수를 뵈옵고자 하나이다"라는 간단한 메시지는 설교자가 자기 직임을 이해하는 데 어떻게 영향을 미칠까요? 저자는 그리스도 없는 대안적 메시지들을 쏟아 내거나 그리스도를 추상적인 관념으로 바꿈으로써 그리스도를 피해 가는 설교의 위험성에 대해 논합니다. 설교자는 어떻게 지속적으로 또한 참되게 그리스도를 전할 수 있을까요?

2. 복음에 대한 마르틴 루터의 관점은 그리스도를 단순한 본보기가 아닌 선물로서 제시하는 것의 중요성을 강조합니다. 설교자는 어떤 방식으로 그리스도를 단순히 도덕 선생으로 바꾸고자 하는 유혹에서 벗어나, 그분을 구원의 궁극적인 선물로 전할 수 있을까요?

3. 이번 장에서는 설교자가 그리스도를 전하려고 할 때 범할 수 있는 세 가지 잠재적인 실수를 언급합니다. 이러한 실수들은 어떻게 나타나며, 또 각 실수에 대해 어떤 해결책이 있나요? 저자는 단순히 그리스도에 대한 "이야기를 하는 것"보다 그분을 "보여 주는 것"에 대해 논합니다. 설교자는 어떻게 자신의 설교에 그리스도의 선함과 참됨과 아름다우심을 나타내, 회중으로 하여금 그저 그리스도에 대해 듣는 것을 넘어 그분의 인격의 부요함을 경험하게 할 수 있을까요?

5. 지적 이해와 정서적 감동이 조화를 이룰 때

1. 이번 장에서는 설교에서 흔하게 발생하는 '지적 이해나 정서적 감동 중 어느 한쪽에 지나치게 비중을 두는' 불균형 문제를 다룹니다. 설교자는 어떻게 성경의 지식이 진정한 경배와 마음의 변화로 이어지도록 할 수 있을까요?

2. 저자는 '구원 얻는 믿음을 불러일으키지 않으면서 성경의 지식을 전달하는 빛'과 '마음을 겸손케 하는 변화를 일으키는 복음의 빛'을 구별하여 말합니다. 설교자는 어떻게 자신의 설교로써, 지식 전달을 넘어 회중 안에 실질적인 변화를 일으키는 믿음을 심어 줄 수 있을까요?

3. 본문은 신약성경에서 설교를 묘사할 때 주로 쓴 세 단어, "케뤼소선포하다", "유앙겔리조마이복음을 전하다", "카탕겔로선언하다"를 언급합니다. 이 단어들은 우리가 설교가 어떠해야 하는지 이해하는 데 어떤 영향을 미치나요?

6. 내면을 사로잡아 근본적인 변화로 이끌라

1. 저자는 마음의 깊은 갈망을 다루지 않고 단순히 외적인 행위
    에만 초점을 맞춘 설교를 바리새인들과 비교하며 비판합니
    다. 어떻게 하면 설교가 마음의 변화 대신 피상적인 도덕성을
    자극하는 함정에 빠지는 것을 피할 수 있을까요?

2. 성령은 사람들을 내면에서부터 변화시키셔서, 그들로 하여금
    하나님 안에서 가장 큰 즐거움을 찾을 수 있도록 그들의 갈망
    을 바꾸시는 분으로 묘사됩니다. 설교자는 어떻게 이러한 성
    령의 변화시키시는 사역, 곧 단순히 행동을 변화시키는 것을
    넘어 마음을 새롭게 하시는 그분의 사역에 발맞추어 자신의
    메시지를 전할 수 있을까요? 설교자는 어떻게 감정적인 조작
    에 의지하지 않고, 깊고 지속적인 변화를 위한 영향을 미칠
    수 있을까요?

3. 설교자는 복음을 바르게 제시함으로써 회중의 "정서를 고양"
    시키려는 목표를 가져야 합니다. 설교자는 어떻게 해야 회중
    의 정서가 그리스도의 아름다움과 중대성에 사로잡히도록
    그것을 효과적으로 전달할 수 있을까요?

7. 복음에 눈뜨게 하라, 복음만이 마음을 움직이나니

1. 저자는 설교에서 율법과 복음의 구별을 강조합니다. 율법은 어떤 식으로 죄를 드러내며, 왜 복음만이 마음을 변화시키는 능력을 갖나요? 설교자는 자신의 설교에서 마음의 변화를 일으키는 하나님의 은혜를 어떻게 전할 수 있을까요?

2. 본문은 요한복음 3장의 예수님과 니고데모 사이의 대화를 언급하며, 복음의 변화시키는 능력에 주목합니다. 어떻게 복음, 특히 십자가에 들려지신 그리스도의 모습이 우리의 정서를 움직여 하나님께로 마음을 향하게 하나요?

3. 저자는 복음이 회심만 아니라 그리스도인 안에 믿음을 세워가는 데도 결정적이라고 말합니다. 설교자는 어떻게 자신의 모든 설교에서, 심지어 설교해야 할 성경 본문이 주로 율법일 때도 복음에 초점을 두고 회중의 마음에 그리스도가 자라나게 할 수 있을까요?

8. 그리스도를 닮지 않은 설교자, 그분의 대사일 수 없다

1. 설교자의 성품에 그리스도가 비치는 것은 중요한 일입니다. 자신의 성품이 자신이 설교하는 그리스도와 동떨어지지 않게 하기 위해, 설교자는 어떻게 자신의 영적 생활을 자신이 선포하는 메시지에 부합시킬 수 있을까요? 하나님을 향한 설교자의 진심 어린 기쁨과 죄인들을 향한 사랑은 그가 하는 설교의 효과와 진정성에 어떤 연관이 있나요?

2. 리처드 백스터는 설교자들은 구세주의 필요성을 다른 사람들에게 전하는 동시에 자신의 영적 성장을 게을리하지 말아야 한다고 경고합니다. 설교자는 어떻게 하나님과의 생동감 있는 인격적인 관계를 유지하면서 회중을 위한 사역에 임할 수 있을까요?

3. 설교자에게 그리스도를 닮는 것이란 하나님을 사랑하는 것과 사람을 사랑하는 것 모두를 아우르는 일입니다. 저자는 하나님을 사랑하는 설교자의 두드러지는 특징과 그것이 그의 설교에 미치는 영향을 어떻게 설명하나요? 저자는 사람들을 향한 긍휼과 자비는 그리스도를 닮은 사랑의 본질에 속한다는 점에 주목합니다. 단단한 진리를 전할 때조차 설교에 사랑이 뚜렷하게 드러나게 하려면, 설교자는 어떤 방식으로 진심 어린 긍휼함을 키워 갈 수 있을까요?

주

추천 서문.

1. Jonathan Edwards, *The Works of Jonathan Edwards*, vol. 4, *Some Thoughts Concerning the Revival in New England*, ed. C. C. Goen (New Haven and London: Yale University Press, 1972), 388. 조나단 에드워즈, 《균형 잡힌 부흥론》(부흥과개혁사 역간).

2. John Calvin, *Institutes of the Christian Religion*, ed. John T. McNeill, trans. Ford Lewis Battles (Philadelphia: The Westminster Press, 1960), II. ii. 11. 장 칼뱅, 《기독교 강요》(CH북스 역간).

3. 로마서 10장 14절을 보라(ESV). 에베소서 2장 17절도 보라.

1장.

1. Martin Luther, *Luther's Works*, vol. 24, ed. J. Pelikan (St. Louis: Concordia, 1961), 364.

2. Theodore G. Tappert, ed., *The Book of Concord: The Confessions of the Evangelical Lutheran Church* (Philadelphia: Mühlenberg Press, 1959), 315.

2장.

1. "설교하는 것"와 "가르치는 것"의 동일한 특징과 차이점을 더 살펴 보고 싶다면 다음 말씀 구절을 참고하라. 마 4:23; 11:1; 눅 20:1; 행 5:42; 15:35; 28:30-31; 골 1:27-28; 딤전 2:7; 딤후 4:2.

2. The Constitution of the Presbyterian Church (USA), part 1, *Book of Confessions* (Louisville, KY: Office of the General Assembly, 1999), 5.004.

3. John Calvin, *Ioannis Calvini opera quae supersunt omnia*, ed. G. Baum, E. Cunitz, and E. Reuss, 59 vols. Corpus Reformatorum 29-87 (Brunswick: Schwetschke, 1863-1900), 53.266.

4. Calvin, *Calvini opera*, 26.668-677.

3장.

1. John Owen, *The Works of John Owen*, vol. 16, ed. William H. Goold (Edinburgh: T&T Clark), 322.

2. C. S. Lewis, "Is Theology Poetry?" in C. S. Lewis, *Essay Collection and Other Short Pieces* (London: HarperCollins Publishers, 2000), 21.

3. John Calvin, *Institutes of the Christian Religion*, ed. John T. McNeill, trans. Ford Lewis Battles, The Library of Christian Classics (Louisville, KY: Westminster John Knox Press, 2011), 1.8.1. 장 칼 뱅, 《기독교 강요》(CH북스 역간).

4. C. H. Spurgeon, "The Lover of God's Law Filled with Peace," in *The Metropolitan Tabernacle Pulpit Sermons*, vol. 34 (London: Passmore & Alabaster, 1888), 42.

5. Calvin, *Institutes*, 1.7.4. 장 칼뱅, 《기독교 강요》(CH북스 역간).

4장.

1. Martin Luther, *Luther's Works, Vol. 35: Word and Sacrament I*, ed. Jaroslav Jan Pelikan, Hilton C. Oswald, and Helmut T. Lehmann (Philadelphia: Fortress Press, 1999), 118.

2. Luther, *Luther's Works, Vol. 35*, 119.

3. Richard Sibbes, "Bowels Opened," in *The Complete Works of Richard Sibbes*, ed. A. B. Grosart, 7 vols. (Edinburgh: James Nichol, 1862), 2.142.

4. C. H. Spurgeon, *The Metropolitan Tabernacle Pulpit Sermons*, vol. 37 (London: Passmore & Alabaster, 1891), 323-324.

5장.

1. 겔 1:26-28; 사 60:1-2; 눅 2:8-9; 9:32; 고후 4:4; 계 21:23. 이에 대한 더 자세한 논의는 저자의 다른 책, *Delighting in the Trinity: An Introduction to the Christian Faith* (Downers Grove, IL: IVP, 2012) 의 5장을 참고하라.

2. C. H. Spurgeon, *An All-Round Ministry: Addresses to Ministers and Students* (London: Passmore & Alabaster, 1900), 347.

3. Jonathan Edwards, *Religious Affections*, in *The Works of Jonathan Edwards*, vol. 2, ed. John E. Smith (New Haven, CT: Yale University Press, 2009), 266. 조나단 에드워즈, 《신앙감정론》(부흥과개혁사 역간).

4. Calvin, *Institutes*, 1.5.9. 장 칼뱅, 《기독교 강요》(CH북스 역간).

6장.

1. 이에 대한 더 자세한 논의는 나의 다른 책, *Evangelical Pharisees: The Gospel as Cure for the Church's Hypocrisy* (Wheaton, IL: Crossway, 2023)를 참고하라. 마이클 리브스, 《복음주의 바리새인》(복있는사람 역간).

2. C. H. Spurgeon, *Lectures to My Students: Addresses Delivered to the Students of the Pastors' College, Metropolitan Tabernacle: Second Series*, vol. 2 (New York: Robert Carter and Brothers, 1889), 230. 찰스 스펄전, 《목회자 후보생들에게》(CH북스 역간).

3. C. H. Spurgeon, *The Metropolitan Tabernacle Pulpit Sermons*, vol. 27 (London: Passmore & Alabaster, 1881), 530.

4. John Owen, *The Works of John Owen*, vol. 1, ed. William H. Goold (Edinburgh: T&T Clark, n.d.), 146.

5. Jonathan Edwards, *Religious Affections*, ed. John E. Smith, vol. 2 of *The Works of Jonathan Edwards* (New Haven, CT: Yale University Press, 1959), 115. 조나단 에드워즈, 《신앙감정론》(부흥과개혁사 역간).

6. Edwards, *Religious Affections*, 115-116. 조나단 에드워즈, 《신앙감정론》(부흥과개혁사 역간).

7. J. C. Ryle, *Light from Old Times; Or, Protestant Facts and Men* (London: Charles J. Thynne, 1903), 407.

7장.

1. William Perkins, *The Art of Prophesying* (repr., Edinburgh: Banner of Truth, 1996), 54. 윌리엄 퍼킨스, 《설교의 기술과 목사의 소명》(부흥과개혁사 역간).

2. John Bunyan, *The Works of John Bunyan*, vol. 3 (Glasgow: W. G. Blackie & Son, 1854; repr., Edinburgh: Banner of Truth, 1991), 546-547.

3. Martin Luther, *Luther's Works, Vol. 44: The Christian in Society I*, ed. Jaroslav Jan Pelikan, Hilton C. Oswald, and Helmut T. Lehmann (Philadelphia: Fortress Press, 1999), 30, 38-39.

4. John Owen, *The Works of John Owen*, vol. 3, ed. William H. Goold (Edinburgh: T&T Clark, n.d.), 370-371.

8장.

1. James Stewart, *Heralds of God* (London: Hodder & Stoughton, 1946), 191.

2. Richard Baxter, *The Reformed Pastor* (Edinburgh: Banner of Truth, 1974), 56. 리처드 백스터, 《참 목자상》(생명의말씀사 역간).

3. Andrew Bonar, *The Life of Robert Murray M'Cheyne* (Edinburgh: Banner of Truth, 1844, 1962), 282.

4. 다음 책에 인용된 글. John Stott, *Between Two Worlds: The Art of Preaching in the Twentieth Century* (Grand Rapids, MI: Eerdmans, 1982), 325.

5. C. H. Spurgeon, *Lectures to My Students: A Selection from Addresses Delivered to the Students of the Pastors' College, Metropolitan Tabernacle*, vol. 1 (London: Passmore & Alabaster, 1875), 183-184. 찰스 스펄전, 《목회자 후보생들에게》(CH북스 역간).